은퇴대기자들,
늙어도 낡지 않으려면 뉴셋하라

은퇴대기자들, 늙어도 낡지 않으려면 뉴셋하라

발행일 | 2022년 08월 04일

지은이 | 김학찬

책임 기획 | 손유섭, 공준식, 박정주   편집 | 이흥기, 안수현

디자인 | 흐 름

출판사 | 자 존   출판등록 | 2020년 6월 2일(제 000013호)

주소 | 부산시 부산진구 서전로47번길 19 3층 302호   홈페이지 | www.jajonbooks.com

이메일 | thsdbtjq96@naver.com

값 | 16,000원   ISBN | 979-11-977424-6-0

은퇴대기자들,
늙어도 낡지 않으려면 뉴셋하라

NEWSET

김학찬 지음

은퇴 후, 혼돈 속에서 살아남는 25가지 마음의 프레임

☰ JAJONBOOKS

차례

4장. 인생을 바꾸는 힘 '뉴셋'

5장. '뉴셋'으로 인생 가치를 업그레이드

6장. '뉴셋'에서 삶을 180도 바꿔줄 도구를 찾는다

7장. 5가지 꿀팁 '뉴셋'으로 포스트코로나 시대 준비한다

머리말

2020년 우리나라 연령대별 자살률 1위가 50대, 2위가 40대라고 한다. 이 사실에 나는 깜짝 놀랐고, 이는 내가 모든 일을 제쳐두고 책 쓰기를 우선으로 시작하게 된 계기가 되었다. 퇴직을 앞둔 40대, 50대 은퇴 대기자들은 재취업할 때 환경적 요소나 본인의 내적 갈등으로 많은 어려움을 겪는다.

얼마 전 TV에서 과거에는 눈길을 주지 않았던 기성세대 일자리에 신세대가 진출한 사례를 방송했다. 내 주변에서도 목격할 수 있어 이미 당연한 추세인지도 모르겠다. 게다가 직장에 너무 헌신적이었기에 가족들과 관계도 원활하지 못하고 가장을 대하는 시선도 좋지 않다. 여러 고충이 한꺼번에 몰려 어쩔 수 없이 비극적인 선택을 하는 걸까?

50대가 자살률 1위라는 사실에 놀란 이유는 상당한 연륜이 있어 어려움을 극복하는 능력을 갖추고 있다고 생각했기 때문이다. '그들이 걸었던 길을 피해 왔기에 몰랐었나?' 하는 의문도 생겼다. 이 책을 쓰기 위해 약 100권이 넘는 책을 읽고 강연에도 참석하며 관련자들의 경험담을 청취했다. 나의 지난 과거도 되돌아보았다.

이유가 있었다. 은퇴 대기자들이 당장 버리고 바꾸어야 할 요소가 있었다. 바로 마음이다. '뉴셋'해야 한다. 산 정상을 오르기 위해 이용했던 기존의 길이 아닌 새로운 길을 개척하라는 것이 아니다. 은퇴 대기자들은 우주로 가는 것이다. 재부팅, 포맷, 리셋이 아니라 '뉴셋'해야 한다. 지금껏 경험하지 못한 세상을 가야만 하기 때문이다.

단기간에 마음을 새롭게 하는 것은 어렵다. 사람에 따라, 의지에 따라 차이가 나지만 시간이 필요하다. 그 기간에 귀중한 생명이 일단 유지되어야 하기에 어두운 그늘에서 탈출하는 작업을 동시에 추진해야 한다. 고립, 자책, 좌절을 관리해야 하며 관점을 다양화할 필요가 있다. 이와 관련해서는 1, 2장에서 다루려고 한다.

3장에서는 자신과 주변을 점검하는 이야기이다. 퇴직하고 세상을 둘러보면 자신이 지금까지 얼마나 굴레에 갇혀 지냈는지 알 수 있다. 훌륭한 말(동물) 혹은 현명한 당나귀가 걷는 모습을 본 적이 있는가? 그들은 실제로 자주 걸음을 멈춘다. 그리고 자신의 호흡이 평상시대로 돌아올 때까지 발을 내딛지 않는다. 정상적인 상태를 중요하게 여기고 정상화를 위해 노력하는 것이다. 동물들에게서 배워야 할 점이다. 마음과 호흡이 조화를 이루어야 한다. 타인과의 협력을 통해 배우고 자신의 장점도 다른 사람에게 영향을 주면서 사회는 발전한다. 소통이 성장의 길이다.

4장에서는 인생을 바꾸는 힘에 관해 이야기한다. 은퇴 대기자들이 목표를 설정하고 추진하는 과정에는 동력이 필요하다. 한때 '꼰대'가 유행어였다. 나도 이말에 영향을 받았다. 스스로 돌아보고 반성하며 상당수를 개선하였지만 미흡함이 있다. 기성세대들이 자존심을 갖고 내세우는 과거의 경험과 경력이 새로운 시대에는 적합하지 않다는 사실을 알아야 한다. 새로운 것을 흡수하고 습득해야 한다. 신체를 단련하듯 마음도 피트니스하여 자신감을 가져야 한다. 준비한 자만이 누릴 수 있는 '운'도 활용해야 한다.

5장에서는 인생 가치를 새롭게 하는 내용을 다룬다. 한국인은 가능하면 정년을 늘려달라고 외친다. 만 60세인 정년을 만 65세로, 심지어 아예 정년을 없애자는 이들도 있다. 유럽에서는 정부가 정년을 연장하면 시민이나 노동자들이 정년을 단축하라고 요구한다. 정반대의 현상이 벌어지고 있다.

한국도 이미 고도성장의 시대는 지나갔다. 일과 삶이 균형을 이루어야 할 시점이 되었다. 여유로운 마음을 가지고 상대를 포용하며 인생의 가치를 업그레이드할 필요성이 있다. 지금까지 형식에 치우쳐 왔고, 진짜 자기를 보이지 않으려고 몇 겹의 가면을 쓰고 살아왔는지 알 수 없다.

6장에서는 삶을 180도 바꾸는 도구에 대하여 언급한다. 잠시 틈을 내어 자신을 돌이켜보자. 과연 내가 원하는, 내가 목표로 한 인생을 살아왔는지, 아니면 타인의 시선을 의식하고 살아왔는지. 타인에게 욕을 먹지 않기 위해 타인의 눈치를 보며 살아왔을 확률이 높다. 나도 모르게 정해진 틀에 끼워 맞추어 왔다. 지금부터는 내 삶의 기준을 세우고 유연한 마음으로 상황에 대처해야 한다. 두려움보다는 배움을 통하여 호기심을 갖고 감사한 마음을 가져야 행복한 인생을 찾을 수 있다.

마지막 7장에서는 포스트 코로나 시대를 준비하는 5가지 팁을 소개한다. 코로나19를 겪으면서 완전히 다른 세상을 목격했다. 지금까지 경험해 보지 못한 변화의 물결도 겪었다. 우리가 가지고 있는 지식과 경력을 엄격하게 돌아보아야 한다. 나이를 핑계로 삼거나 시대를 외면하면 대가는 자신의 몫이다.

과거에는 한 가지 직업을 가지면 되었으나 지금은 아니다. 인생은 길어지고 기업의 수명은 짧아졌다. 여러 개의 직업이 필요하게 되었다. 프리랜서 직업이 지금까지는 주목을 받지 못했으나, 한곳에 구속되지 않고 전문성을 발휘하며 여러 곳에 자유로이 활동할 수 있는 장점이 사람들로부터 관심을 받고 있다. 또 스스로 고용해야 하는 시대라는 충고가 설득력을 얻어가고 있다.

미리 준비하면 풀어야 할 과제에 대한 부담이 훨씬 줄어든다. 내가 퇴직을 앞두고 3년 전부터 미리 준비했기에, 퇴직 후에 프리랜서 활동을 하며 책까지 쓰게 되었다.

180도 다른 방향으로 가면서 심적인 갈등이나 방황할 겨를이 없었다. 혹시 이 책을 읽고서 마음을 '뉴셋'하고 힌트를 얻어 도전하다가 뜻대로 되지 않는다면 나에게 도움을 요청해도 좋다. 부족한 부분을 채울 수 있도록 함께 하겠다.

이 책을 쓰는 동안 불편함을 감수하고 묵묵히 지켜봐 준 가족들에게, 출간을 위해 시작부터 끝까지 조언과 용기를 아끼지 않은 출판사 대표님과 작가님들께 감사의 말을 전한다.

2022년 4월 언저리

혜명 김학찬

01

은퇴 대기자들, 늙어도 낡지 않으려면 '뉴셋'하라

퇴직 후 가장 중요한 문제점,
딱 '1개' 알려 준다면

　나의 인생 전반기 직업은 은행원이었다. 재직 중 우리나라에 몇 번의 경제적 위기가 있었으나 회사에는 문제가 없었다. 수명은 길어지고 아직 은행에 근무하는 데 지장이 없을 것 같은데 퇴직이라는 단어가 내 앞으로 다가오는 게 부담됐다. 온실 속의 화초가 갑자기 바깥 세상으로 몰리는 격이었다.

　다른 사람들 말에 귀를 기울이기 시작했다. 그중에 현실과 관련이 있는 말, "공무원과 은행원은 퇴직 후 할만한 일이 없다."라는 이야기를 심심찮게 들었다. 여태까지 불안감을 크게 느끼지 못했는데 막상 퇴직 앞두고는 심각해졌다. 주변을 먼저 살펴보았다. 퇴직한 사람들이 변화된 상황에 어찌할 바를 몰라 방황하며 고민하고 있었다.

먼저 말수가 줄어들었고 어깨는 축 늘어져 힘이 없었다. 가족으로
부터 외면당하고 실망과 자책으로 인생이 허무하다는 한숨 소리를
여러 경로를 통해 알게 되었다.

본인이 가지고 있는 기술과 연관된 사업체에서 근무 중인 실력자도
있었다. 그런데 어쩌나! 하루가 다르게 변화하는 시대에 과거의 오
랜 경력과 기술이 진부화되어 가치가 떨어져 갔다. 경력보다는 나이
가 많다는 사실이 더욱 걸림돌로 인식되어 눈치를 보면서 힘겹게 하
루하루를 지낸다는 이야기를 들었다.

"과거의 지식이 족쇄가 된다." 야마구치 슈는 〈뉴타입의 시대〉에
서 "이제 경험이 있고 없고 또는 많고 적음이 곧 유능함을 증명하는
지표가 되지 않는 시대가 다가오고 있다."라고 경고한다. 새로운 상
황 속에서 계속 학습하는 인재가 높게 평가받을 것이다. 2018년 10
월 미국의 경제 전문지(월스트리트 저널)는 미국에서 경영전문대학
원 MBA 지원자 수가 4년 연속 줄었다고 보도했다.

MBA 학위는 '경영상의 다양한 상황과 문제에 대응하는 패턴 인식
능력'을 보증하는 증표이므로 노동시장에서 높은 평가를 받았다. 하
지만 급속한 환경 변화가 일어나면서 이런 패턴 인식 능력은 가치가
감소한다. 오히려 족쇄처럼 개인의 적응력을 파괴할 수도 있다는 것
을 알려준다.

변화하는 시대에 고집부리지 말자

2021년, 지방자치단체에서 실시한 강연회가 있었다. 강사는 대기업 임원을 지내다가 해직을 통보받았다. 마음도 달래고 수양도 할 겸 배우자와 함께 유럽의 순례길을 선택했다. 그 과정이 쉽지 않았고 그분은 메모 형식으로 하루하루를 기록했다. 메모한 게 아까워서 글을 썼고 또한 그것을 소재로 강단에도 섰다.

그분 나이를 공개하지 않아 정확히 알 수는 없다. 나의 눈짐작으로 볼 때 70대가 다 되어가는 나이로 추정된다. 강사는 그 나이가 되어 본인에게 글쓰기 재능이 있다는 것을 발견했다고 한다. 이 말에 충격받아 나는 발견하지 못한 내 재능을 찾고 있다.

강연회 마지막에는 질문받는 시간이 있었다. 한 참석자가 질문에 앞서 자기소개를 했다. 퇴직 후 8년째 수소문하여 강연장을 찾았고, 본인이 나아가야 할 길을 모색 중이라고 했다. 강사와 질문자의 나이는 비슷한 연령대라 생각되는데 무슨 차이가 있을까? 변화한 상황에 유연한 마음 자세로 맞이하느냐 아니면 과거에 집착하여 현실을 받아들이지 못하고 고민만 하고 있느냐의 차이라고 생각한다.

질문자를 비난하고자 하는 의도는 아니다. 질문자의 생각과 방향이 맞을 수도 있다. 지금의 나는 과거를 돌아보지 않고, 현재 상황에서 내가 할 수 있고 내 사명과 연관이 된다면 즉각적으로 행동에 옮기는 편이다.

이력 가운데 숨은 자산을 찾아라

퇴직 후의 대안을 제시하는 책은 이미 많이 출간되었다. 하지만 개별적인 환경이 다르고 재능과 경력이 상이하기에 자신에게 꼭 맞는 것을 제시하기 어렵다. 큰 그림에서 찾고 자신에게 적합하다는 방안을 부분적으로 선택하여 실천하는 방안밖에 없다. 시대의 흐름을 주시하고 다수의 제시 방법 중 자신에게 와닿는 것, 또는 수정하여 나에게 최적의 방안을 적용하는 게 최선이다.

아무리 좋은 방법을 알았다고 하더라도 시작을 하지 못하거나 중도에 포기하면 의미가 없다. 이를 방지하기 위해 퇴직자에게 가장 중요하며 우선적인 것은 자신의 마음을 완전히 바꾸는 것이다. 마음을 뉴셋하는 것이다.

나는 퇴직을 약 3년 앞두고 구체적인 준비를 했다. 그런데 어릴 적 장래 희망이 자주 바뀌듯이 중년의 나이에도 목표가 바뀐다는 사실을 경험했다. 어릴 적 한때 꿈은 교육계로 진출하는 것이었다. 그래서 퇴직 후에 어린이집을 운영해 보고자 재직 중에 야간대학 사회복지학과를 다녔다. 통학 버스 운영을 고려하여 1종 대형 면허증도 취득하였다. 진행하던 중 계획의 변화가 있었다. 고령화 시대를 대비하여 요양보호사 자격증과 한식조리기능사 자격증까지 취득했다.

퇴직 후에는 상담대학원을 다니면서 지역아동센터, 정신재활치료병원, 알콜중독치료병원 등에서 경험을 쌓았다. 이러한 경험이 이력이 되어 졸업 후에 지역문화원, 예술사업체, 장애복지관 등에서 활동했다. 지금은 학교 부적응 위기 학생들을 학교로 복귀시키는 교육청 상담 봉사활동 단체에서 일하고 있다. 다소 힘든 부분도 있으나 어릴 때 꿈꾸던 일이 현실이 된 것 같아서 한편으로는 힘이 난다. 기회가 있어 열심히 활동했더니 나도 모르는 사이에 숨은 자산이 되어 있었다. 집안 청소는 나의 영역인 양 스스럼없이 하고 있고, 치매와 싸우고 계신 어머니 보살핌 등 여러 가지 일을 처리하다 보면 한가하다는 말은 할 수가 없다.

지금까지 나는 교과서 이외의 책을 가까이하지 않았음을 고백한다. 책쓰기를 위해 부득이 책을 열심히 보았다. 2021년 하반기부터 100권 넘게 책을 읽었다. 내 인생 최고의 기록이다. 책의 유용성에 대하여 보고 듣고 했지만 가볍게 여겼다.

고무적인 사실은 내가 거주하는 공공도서관에 가보면 공부를 목적으로 하는 사람도 상당수 있지만, 독서를 위해 방문하는 사람도 많다는 것이다. 최근에 책에서 획기적인 사실을 알게 되었다. 사람은 저마다 '사명'을 지니고 태어난다는 것이다. 이 내용은 이후에 자세히 언급하고자 한다.

앞에서 어릴 적 내가 꾸던 꿈 중 하나가 교육계 진출이라고 이야기했다. 성장하면서 나는 교수님, 선생님들을 만나면 마음이 출렁거리곤 했다. 퇴직 후 어린이집을 계획했던 일도 누적된 마음으로부터 흘러나왔다. 확실한 이유는 알 수 없지만, 보이지 않는 힘이 나를 자꾸만 끌어들였다.

변화하는 세상에 혼자서 대응하기는 힘들다. 지혜로운 사람들의 이야기에 귀를 기울이고 알아차림으로 어려움을 해결하고 꿈도 달성할 수 있다. 책을 통하여 자신의 마음을 새롭게 할 수 있다고 말하고 싶다. 그리고 하고 싶은 분야의 경험을 통해 숨은 자산을 쌓으라고 권하고 싶다. 축적된 자산은 인생 후반기 사회 활동에 도움이 되고 용기를 갖게 한다.

자식도 등을 돌리게 만드는
불통을 멀리하라

〈두려워서 시작했습니다〉는 나를 포함한 6명이 함께 집필한 책이다. 20대 5명, 60대 1명이다. 각자가 다른 주제를 가지고 책을 썼지만 공통된 점은 참여자 모두 작가에 목표를 둔 사람들이었고, 작가에 첫발을 내딛는 사람들이라는 것이다.

책을 쓰는 기간에는 코로나19가 유행 중이라서 대면하기가 쉽지 않았다. 어렵게 마련한 자리에서 자연히 토론이 있었고, 서로를 존중하며 경청했다. 20대 작가들이 대단한 용기와 열정을 가졌다고 느꼈다. 결혼한 후 잘 다니던 회사를 그만두고 책을 쓰기 시작한 사람도 있었다. 내가 20대 시절에 도저히 가질 수 없었던 도전정신과 사고라고 생각했다. 시대가 변하면서 사고와 용기의 수준도 변화된 것 같다.

회의 때 내가 느낀 소감을 솔직하게 표현했다. 20대 작가들은 신세대 이야기를 경청하고 이해하려는 기성세대를 처음 본다며 나를 칭찬했다. 참석자 모두가 만남을 통해 다른 세대에 대한 부정적인 시각을 새로이 하는 기회가 된 것 같았다. 몇 번의 회의를 통해 서로를 조금 더 알게 되었고, 상호세대에 대하여 이해의 폭이 넓어졌다.

요즘 한국 사회는 여러 세대가 함께 살아가고 있다. 즉, 센세대, 낀세대, 신세대로 크게 구성되어 있다고 본다. 통상적으로 1960년생을 베이비부머, 1970년생을 X세대, 1980년생을 밀레니얼세대, 1990년생을 Z세대라고 칭한다. 이중 베이버부머가 센세대, X세대가 낀세대, MZ 세대를 신세대로 분류하고 있다. 신세대가 이기적이란 평을 듣는 것도 사회 전체적인 담론보다 자신들의 불이익과 관련된 이슈에 예민하게 반응하기 때문이다.

이들은 '일'에 대한 생각들이 다르다. 센세대와 낀세대에게 일은 '커리어'이고 신세대에게는 '잡'이다. 커리어의 어원은 '마차가 다니는 길'이다. 즉 오랫동안 길을 닦아가듯이 평생직장의 의미로 한 우물만 판다는 뜻이 강하다. 반면 '잡'은 짐수레로 실어 나르는 한 덩어리의 물건을 의미한다. 일이 언제든 마차 위에 올리고 내리고 바꿀 수 있는 일시적 짐이다. 신세대가 퇴사율이 높은 것도 이 같은 생각에서 비롯된다. 세대 간 갈등은 서로에 대한 이해 부족에서 시작하고 세대 간 소통을 통해 서로를 알아가며 발전할 수 있다.

기본에서 답을 구하라

공저인 〈두려워서 시작했습니다〉라는 책 제목에 나 스스로 매력을 느낀다. 학교 요청에 따라 상담을 진행하는 학생들에게 나는 책 제목을 자주 언급한다. 최근에 만났던 고등학생 2명은 중학교 때 또래관계에서 갈등이 생겼고 이후 대인관계가 어렵게 된 공통점이 있었다.

상담할 때 대인관계에서 기본적인 자세를 우선 설명하였다. 상대방과 본인 사이의 보이지 않는 경계선을 지켜야 한다고 먼저 강조한다. 내 의견을 제시하고 결정은 상대방에게 맡겨야 한다. 그런데 우리는 내 생각대로 결정하기를 강요하는 오류를 범한다. 상대방을 존중해야 한다는 기본을 깨뜨린 것이다. 가장 친밀한 가족 간에도 같은 실수를 범한다.

다음은 두려움을 없애는 것이다. 머릿속의 생각은 허상일 확률이 높다. 기존의 경험에 당시 본인의 마음이 이끄는 대로 끌려간다. 즉, 과거에 경험했던 친구와의 상처를 마음에 지니고 대인관계를 멀리하는 것은 커다란 실수라고 말한다. 두려움을 던지고 관계를 다시 시작해 보라고 권한다. 이때 상대와 나의 경계선을 철저히 지켜야 함을 재차 강조하였다.

CMIT의 벤저민 화버 교수는 미국의 콜센터 직원들을 대상으로 실험한 결과, 온라인 소통과 협업이 대세라고 하지만 근접성과 친밀감은 여전히 중요했다. 팀워크를 강조하는 회사들은 '구성원들의 잦은 만남'이 이루어지도록 공간을 설계하고 배치한다. 탕비실을 중앙에 두거나 공동의 광장을 만드는 등 의도적으로 아날로그 소통공간을 만드는 식이다.

현재 대부분 회사가 3세대로 구성될 확률이 높다. 이들 세대가 모래알처럼 협력되지 않으면 회사가 발전하기 어렵다. 소통이 중요하다는 사실을 한국 사회가 겪고 있는 세대 간 갈등의 해결책으로 접목해 볼 필요가 있다.

동호회 가입으로 세대 간 대화 창구를 만들자

변화하는 세상에 적응하기 위해서는 자신도 변해야 한다. 하지만 한국 사회에서는 같은 연배의 사람끼리 친목을 다지는 경우가 흔하다. 동년배끼리 모인다고 스승이 없다는 말은 아니다. 동년배끼리는 서로가 알고 있는 내용이 비슷하고 유사한 경험을 가지고 있다. 따라서 기존의 생각에서 벗어나기 어렵고 자신을 변화시키는 것도 쉽지 않다.

다른 세대의 사람을 얼마나 만나고 있는가? 그나마 동호회 같은 경우는 다양한 세대가 모일 수 있다. 나는 이미 작가 모임에서 경험해 보았다.

이번 이야기는 다소의 망설임이 있다. 이 분야를 결코 가벼이 생각하거나 감추고 싶은 것은 아니다. '타로'이다. 시작은 약 5년 전이었다. 단기간에 걸쳐 여유가 있을 때 틈틈이 해 왔기에 성과는 미미하다.

최근 지자체에서 운영하는 평생학습관에 무료 강좌가 있어 참가했다. 예정된 교육을 이수하고 수강생 중 심화 과정을 하고 싶은 사람들끼리 추가 과외를 받았다. 최근에는 여성들의 사회적 활동이 매우 활발하다. 그 모임에 남자는 나 혼자이고 모두가 여성들이다. 세대는 다양했다. 노년 세대. 동년배 및 M세대로 구성되었다. 각 세대의 생각과 행동을 더 이해할 수 있는 계기가 되었다.

수업을 마치고 집이 같은 방향이라 버스를 함께 타게 된 동년배의 여성이 있었다. 여성의 배우자가 퇴직하고 마냥 집에서 세월을 보내는 것을 지켜보니 안타깝다고 했다. 배우자를 비롯한 많은 퇴직자가 미래에 대한 대처를 제대로 하지 못하고 방황하는 모습을 본다고 했다. 아직도 활동이 가능한 시기인데도 이러한 모습을 보니 실질적으로 도움이 되는 정책이나 지침서가 있으면 좋겠다는 것이다.

이 이야기를 듣는 순간 가슴이 뛰고 설레었다. 빨리 내가 중년들을 위한 책을 써야 한다는 조급함이 생겼다. 그분께 아직껏 관심이 가는 책을 발견하지 못했다면 조금만 기다려 달라고 했다. 내가 최대한 빨리 도움이 될 수 있는 책을 출간하겠다고 했다.

현재 벌어지고 있는 세대 간 갈등 및 세대 간 전쟁을 해결하기 위해서는 먼저 다른 세대를 이해하려는 자세가 중요하다. 또 각 세대가 서로를 설명할 기회를 만들어야 한다. 당신 세대는 어떠한 사건을 겪었고 어떤 환경 아래에서 살았는가? 우리는 어떠한 사고방식으로 생활에 임하고 있는지를 설명하고 들어야 실마리가 풀린다.

각 세대가 자연스럽게 섞일 수 있는 동호회라도 가입하여 소통할 수 있는 여건을 만들었으면 한다.

늙어도 낡지 않으려면 뉴셋하라

 과거를 돌아보면 내가 변하게 된 결정적인 계기는 대학원에 다니면서 상담 공부를 한 것이다. 이전까지 나는 내성적인 성향이었으며 상대방의 눈을 정면으로 제대로 응시하지 못했다. 상담사 기본자세와 태도 등을 배우면서 상대방과 눈 맞춤은 자연스럽게 습관화되었다. 상담목표를 갖고 일을 진행하면서 활동성도 강화되었다.

 학생들을 상담하면 학생들이 마음속의 이야기를 스스로 하도록 유도해야 한다. 그러나 상황이 뜻대로만 되지 않는다. 너무 오랜 정적을 유지할 순 없어 내가 먼저 이야기를 꺼낸다. 내가 너무 말을 많이 하고 있다는 사실에 놀라 스스로 말을 중단한 경험도 있다. 내 성격, 생각, 행동 등 모든 면에서 변화를 시작한 시점이 얼마 되지 않는다.

배움은 모름을 전제로 한다. 그래서 모름을 앎으로 바꾸려 노력하는 사람만이 자신의 마음 자세와 사고를 새롭게 변화시킬 수 있다. 배움은 '기존의 앎'에서 '새로운 앎'으로 이끈다. 사람에게는 기존의 편함에 빠져 변화를 꺼리는 뇌가 버티고 있다. 배움을 통하여 마음이 바뀌어야 뇌를 변화시키고 행동하게 할 수 있다.

지금은 과거처럼 단순하게 지식의 양을 늘리는 것이 아니라 지식과 지식을 연결하고 축적된 지식이 통합되는 것을 필요로 하는 시대가 되었다. 인터넷으로 서로가 연결되어 효과를 발휘하는 시대다. 개인적인 지식은 물론 타인과의 지식도 서로 간에 연결되어야 높은 성과를 얻을 수 있다. 이러한 능력이 높은 가치를 지니는 시대다. 지금까지의 마음을 완전히 새롭게 하여야 한다.

믿음도 때로는 바꿔야 생존할 수 있다

칠면조가 한 마리 있다. 주인이 매일 먹이를 줄 때마다 순전히 '나를 위해서' 먹이를 가져다주는 게 보편적 규칙이라는 칠면조의 믿음이 확고하게 된다. 그런데 추수감사절을 앞둔 어느 수요일 오후, 예기치 않은 일이 이 칠면조에게 다가온다. 사랑으로 먹이를 주던 주인이 데려간 곳은 주방이었다. 칠면조의 믿음은 수정을 강요받는다.

니콜라스 나심 탈레브가 전하는 이야기다. 믿음이 자기만의 판단이며 오류에서 시작될 수 있어 의심도 해보고 상황에 따라 바꾸어야 한다는 조언이다.

니콜라스 나심 탈레브는 세계를 둘로 나눴다. 극단의 왕국과 평범의 왕국. 극단의 왕국은 정규분포의 바깥. 즉, 극단치에 존재하는 세상이다. 이 세상은 희귀하고 비일상적인 사건이 검은 백조처럼 느닷없이 출몰하면서 전체를 바꿔버리는 곳이다. 고도의 카오스가 지배하는 곳. 이미 알고 있다고 여기는 것에 의존할 수 없기에 미지의 지식을 염두에 두어야 하는 세상을 의미한다.

인간의 역사는 블랙스완(도저히 일어날 것 같지 않은 일이 일어나는 것)이 지배해온 역사라고 나심 탈레브는 말했다. 세상은 예측조차 하지 못했던 사건이 큰 변화를 몰고 오고 이러한 세상에 사는 준비되지 않은 개인이 치명적인 파국을 맞을지도 모른다고 그는 경고한다. 끊임없이 변하는 시대에 대응해야 하고 배움을 통해 대비해야 한다.

배움 앞에 겸손하라

우리나라 부모들의 교육열은 대단하다고 널리 알려져 있다. 그러나 실제 현실에서 활용하는 데 어려움을 느낀다. 현실에 맞지 않은 이론이 너무 많다고 비판한다. 세상이 너무 빨리 변해서라고? 지금은 맞다. 코로나를 겪으며 우리는 세상이 이렇게 빨리 변할 줄은 상상하지 못했다. 그렇다고 내가 변하는 세상을 멈추게 할 수는 없지 않은가. 그러니 부지런히 배워야 한다. 아는 것이 많은데도 사는 능력이 떨어진다면 빠르게 변하는 세상 때문이 아니라, 변화를 위해 배우는 것을 게을리하거나 안다고 착각하기 때문일 것이다.

우리는 대부분 자기가 가진 믿음과 사상, 그리고 이념이라는 잣대로 자기 자신을 규정하는 데 익숙해져 있다. 그러나 이런 식의 접근은 문제가 될 수 있다. 세상이 바뀌고 지식이 진화할 때 여기에 대응해서 우리가 마음을 바꾸는 것을 가로막을 수 있기 때문이다. 자기 의견을 성스럽게만 여길 때는 자기 의견이 틀렸을 수 있다는 생각조차도 적대적으로 바라볼 수 있다. 학습으로 통하는 문을 닫아 버린다.

MIT에서 기계공학 박사 학위를 받은 키르스테 모렐은 세계 최고 수준의 예측가다. 그러나 그녀가 학교와 자기 전문 분야에서 했던 경험은 세계에서 일어나는 사건들을 예측하는 작업과는 정확하게 일치하지 않는다. 인체 고관절 역학, 편한 신발 설계하기, 로봇 휠체어 만들기가 그녀의 전문 분야였다.

그녀에게 어떻게 해서 예측을 그렇게 잘하게 되었느냐고 물었을 때 그녀는 이렇게 대답했다. "틀린 상태를 지속한다고 해서 나에게 이득이 되는 건 아무것도 없으니까요. 기존의 틀린 믿음을 빠르게 바꿀수록 나에게는 훨씬 더 이득이거든요. 그리고 몰랐던 어떤 것을 발견했다는 느낌은 무척이나 기분이 좋습니다."

키르스테는 자기가 틀렸음을 발견할 때의 고통을 지우는 방법을 아직 알아내지 못했다. 대신 그녀는 그 고통을 지우는 것이 아니라 즐거움의 원천으로 바꾸었다. 틀릴 때마다 반복해서 올바른 해답으로 나아가는 길이 제시된다면, 틀리는 경험 그 자체는 기쁨이 될 수 있다는 것이다.

배움을 통해 나의 성숙하지 못한 사고와 행동이 너무나 많이 바뀌었다. 변화하는 세상에 적응하기 위해서 지금까지 배웠던 것 모두를 잊어버려야 한다는 말이 이해가 간다. 지금은 새로운 학습이 필요하다. 특히 은퇴 대기자들, 퇴직을 이미 한 사람들에게 절실한 사항임을 강조한다.

시선 의식을 중단하고
자신을 편하게 하라

은행 일부 상급자들은 아직도 정장 차림을 하고 있지만, 대체로 복장이 자유로워졌다. 내가 은행원 생활을 할 때는 엄두도 내지 못했다. 지점장직을 수행하고 있을 때는 심지어 여름에도 긴 와이셔츠를 입고 넥타이까지 매고 출·퇴근을 했다. 추위는 참을 수 있는데 더위와 땀을 견디기가 어려워 여름은 곤혹스러웠다.

퇴직이 얼마 남지 않았을 때, 여름에 넥타이를 하지 않아도 되는 환경 변화가 있었다. 퇴직한 후에는 정장 차림을 보는 것 자체가 싫었다. 심지어 결혼식장에도 간편한 잠바 차림으로 간 적이 있다. 은행원들이 정장을 고집한 것은 대외적인 시선 때문이다. 깔끔하고 정돈된 차림이 사람들로부터 신뢰를 받을 수 있다는 영향력이 작용한 것이다.

남의 시선을 의식하는 건 나를 좋게 봐주기를 바라는 마음에서 시작된다. 열등감이 있거나 완벽주의 성향이 있거나, 누군가의 인정을 받기를 원해서 이다. 남의 시선을 의식하는 사람들은 자신의 가치를 스스로 낮춘다는 공통점이 있다. 그리고 그 시작은 불안이라는 감정이다. 퇴직 후에는 남의 시선을 의식하지 않고 내가 편하게 느끼는 옷을 입고, 내가 진심으로 바라는 말을 자유롭게 하고 있다. 나를 숨기지 않고 밖으로 표현하는 변화가 이루어졌다.

열등감, 완벽주의, 인정받기, 줄 세우기

열등감은 남과 나를 비교하면서부터 만들어진다. 미국의 프랭크린 루스벨트 대통령의 부인이자 여성 인권 운동자였던 엘리너 루스벨트는 말했다. "열등감은 스스로 인정하지 않는 한 절대로 생기지 않는다. 열등감이 있는 사람은 남들과 비교해서 자신의 부족한 점을 강하게 느끼기 때문에 자신감을 완전히 잃어버린다. 그리고 자존심이 상해서는 스스로를 완전히 못난이 취급을 한다." 열등감을 가진 사람은 자신의 단점이나 약점이 드러난 상황에서 불안과 공포감을 느낀다. 예를 들어 얼굴의 상처 때문에 열등감을 느끼는 사람은 남의 시선을 의식해서 고개를 숙이고 다니거나 눈에 띄지 않게 발걸음이 저절로 구석으로 향한다.

그러나 의외로 공격적인 사람들도 많다. 퇴직한 가장이 아내와 딸이 자신을 무시하는 듯해서, 여자 친구가 자신을 무시하는 말을 해서 살인을 저질렀다는 사람이 있다. 친구가 깔보고 함부로 대한다는 이유로 흉기를 휘두르고 무차별 폭력을 일삼는 사례들은 모두 열등감과 관련하여 발생한다.

부모님의 기대를 한 몸에 받으며 자랐고, 부모님의 학벌과 직업이 좋을 뿐만 아니라 돈도 잘 벌며 경쟁력까지 갖추고 있다면 그 사람은 완벽주의자일 확률이 높다. 부모님보다 잘하고 싶으면서도 잘 해내지 못하면 부모님이 싫어할 거라는 생각에 대단한 성과를 이루고서도 계속 의심한다. 완벽주의 성향이 높은 사람들은 실현하기 어려운 목표를 세우고 달성하려 한다. 하지만 성공이 어려운 만큼 불안하여 본인을 비난하는 등 스스로 부정적으로 평가하다가 열등감에 빠지고 만다.

인간이라면 누구나 다른 사람들로부터 인정받기를 원한다. 독일의 철학자 헤겔은 사람들 사이에서 일어나는 모든 갈등은 인정받고자 하는 데서 일어난다고 했다. 남들에게 인정받아야 스스로 자신이 가치 있는 존재라고 받아들인다. 남들보다 더 먼저, 더 많이 인정받으려고 하기 때문에 질투하고 미워하고 다툰다.

엄마와 아빠 중에서 누가 더 좋은지 순위를 매기려 하고, 학교에서는 성적으로 순위를 정하고, 친구들끼리 인기 투표를 하고, 각자 좋아하는 음식이나 물건에도 순위를 매긴다. 사람들은 별것 아닌 것에도 순위 매기기를 좋아한다. 이 방법이 자신이나 타인의 가치를 판단하는데 가장 쉬울 수도 있다. 우리가 최고가 되기 위해 기울이는 노력도 이러한 줄 세우기에서 가장 앞에 서거나 적어도 위쪽에 있기를 바라기 때문이다. 그러면 남들이 내 가치를 높이 여길 거라고 믿는다.

자신을 인정하는 마음이 부족한 사람은 몇 가지 특징이 있다. 필요 이상으로 남의 시선을 의식하고 쉽게 상처받는다. 싫다고 말하지 못하며 필요 이상으로 참는다. 긍정적인 말이나 세상을 좋아하지 않는다. 싫어하는 사람에게서 잘 빠져나오지 못한다.

유대인은 신이 자신의 형상을 본떠 인간을 만들었고 마지막으로 인간에게 숨을 불어 넣을 때 각자에게 달란트, 곧 재능을 주셨다고 믿는다. 성경에 나오는 단어인 달란트는 개인의 재능을 뜻하며, 소명이나 정체성으로도 확장되어 쓰일 수 있다. 유대인에게 신앙이란 달란트, 곧 자신이 잘할 수 있는 일을 찾아서 발전시켜 나가고자 하는 노력을 뜻하기 때문이다. 유대 격언에는 "자기 모습대로 살지 않고 다른 사람을 흉내 내며 사는 사람은 자신을 속이는 사람이다."라는 말이 있다. 자신의 재능을 적극적으로 찾아서 발전시켜야 한다는 유대인의 오랜 사상은 오늘날의 교육 철학에도 단단히 뿌리 내리고 있다. 사람은 개인별로 재능을 지니고 있어 타인과 비교할 필요가 없고 자신을 인정하는 자세를 지녀야 한다.

나를 알기 위해서 내 마음을 알아라

나를 알기 위해서는 내 속에 가지고 있는 것들을 알아야 한다. 우리는 사람을 겉으로 나타나는 부분으로 평가한다. 나이, 키, 사는 곳, 학력, 직업 등 사회에서 개인을 평가하는 기준은 외적인 부분. 즉, 외모이다. 검색 사이트에 드러난 인물 정보, 그것을 알고 나면 그 사람에 대해 꿰뚫은 것처럼 고개를 끄덕인다. 우리가 기를 써서 외적 배경에 치중하고 집중하는 이유다. '나'의 기준으로 살기보다 '타인의 시선'이나 '사회기준'에 맞추려고 고군분투하는 자신을 발견하게 된다.

무엇보다 내 마음을 아는 게 중요하다. 불안을 불러온 감정이 무엇인지 집중하면 나의 마음을 괴롭히는 원인을 찾을 수 있다. 모든 일에는 이유가 있듯이 답이 없는 문제는 없다. 우리가 이유를 모르는 건 알려고 하지 않았기 때문이고, 답을 모르는 건 문제를 자세히 들여다보지 않았기 때문이다. 내가 왜 남의 시선을 의식하는지 알고 싶다면 마음을 들여다보아야 한다. 남의 마음이 아닌 내 마음을 보아야 한다.

 타인 시선을 의식하지 않고 있는 그대로 보이면 오히려 더 호감을 얻을 수 있다. 관심 없는 사람에게 대하던 태도로 내가 좋아하는 사람을 대하게 되면 그 사람이 오히려 더욱 나에게 관심을 보이게 된다. 마치 '그냥 나를 싫어하세요'라고 말하는 듯한 건방지고 거만한 태도로 좋아하는 사람을 대하면, 상대는 '어, 이 사람 뭔가 다른데?'라는 생각을 할지도 모른다. 반대로 싫은 사람에게서 호감을 받는 것이 부담된다면 호의적인 얼굴로 대해보길 바란다.

 '어떨까'라는 말은 굉장한 힘을 가진다. '어떨까'하고 의심을 하는 순간, 지금까지 마음에 지니고 있었던 것에 조금 변화를 주고 싶기 시작한다. 할 수 없고, 해서는 안 된다고 스스로 억눌러왔던 것들도 기지개를 켠다. '어떨까'하고 지니고 있던 오랜 고정관념을 하나씩 부수면서 자신의 마음을 알고 진짜 자신을 활짝 열어나가길 바란다.

왜 태어났는지,
자신의 사명을 찾아라

　내가 교육계에 진출하고 싶은 마음이 한 번씩 떠오르는 이유를 몰랐다. 다만 지속적인 관심을 가지고 퇴직 후에도 계획하는 게 교육과 관련된 것이었다. 그러던 중에 김주원 작가님의 〈리얼라이즈〉 책을 접하게 되었다. 작가가 주장하고 싶은 내용 중 나에게 와닿은 단어가 있었다. '사명'이었다. 과거부터 지금까지의 행적을 회상해 보니 갑자기 가슴이 떨리는 것을 직감했다. 바로 교육이 나의 사명이라는 사실을 알게 되었다.

　어느 날 갑자기 책을 통해 나의 사명을 발견한 것이었다. 작가의 사명도 '교육'이라니 나의 사명과 우연히 같았다. 내 사명을 인지하고 앞으로 더욱 매진할 수 있도록 깨달음을 주신 김주원 작가님께 감사드린다. 학생들에게는 빠를 수 있겠지만, 향후 학생들과 상담하면서 사명에 관하여 이야기 나누고 싶다. 만약 사명을 빨리 인식한다면 삶에 엄청난 변화가 일어날 수 있다는 생각이 들었다.

'사명'이란 자신이 태어난 이유이자 인생 궁극의 목적이다. 태어나며 부여받은 자신의 사명, 바로 이것이 자신의 삶의 방향이어야 한다. 그리고 이를 지켜나가기 위해 자신을 굳게 믿는 마음이 신념이다. 사명을 지켜내는 삶이 진정 자기 자신의 진짜 삶이라고 할 수 있다. '교육'의 존재가치. 그 자체가 뿌리를 내려야 한다. 인간 개개인이 자신의 사명이 무엇인지를 찾게 하고 그것을 지켜나가는 삶을 살도록 이끄는 것. 이것이 진정한 교육이라는 것을 늦게나마 알 수 있었다.

무일푼에서 2년 만에 백만장자가 된 하브 에키는 선언하는 자가 성공한다고 했다. 선언, 즉 큰소리로 단호하게 외치라는 것이다. '선언'은 내가 확언한 것을 공식적으로 진술하는 것이다. 모든 것은 에너지로 연결되어 있다. 선언을 통해 나의 내면이 외부로 분출되는 그 순간, 에너지는 파동을 일으키고 나의 에너지는 나를 성공시킬 다른 에너지와 연결되고 통합되어 강한 에너지로 진화된다. 이 강한 에너지의 파동이 다시 나에게 전해지면 나를 중심으로 우주가 움직이게 하는 내가 우주의 주인공이 되는 선순환을 만들어 낸다. 사명이 성공적으로 성사되기 위해 선언이 필요하다. '사명 선언서'를 작성하여 사명을 분명히 하고 나 자신에게 다짐한다면 사명을 완수할 확률이 높아진다.

"당신에게 가장 중요한 것은 무엇인가?"

하버드대학 경영대학원이 약 10대 1의 경쟁률인데 스탠퍼드는 그 배인 20대 1의 경쟁률을 기록하며 2016년 전 세계에서 약 8,000명이 지원, 겨우 417명이 합격했다. 이곳의 커리큘럼은 '인간'에게 초점이 맞춰져 있다. '자신을 알고 스스로를 이해하는 것' 즉, 인간으로서 반드시 깨달아야 할 가장 보편적인 진리를 가르친다. 1999년부터 10여 년간 경영대학원 학장을 맡은 로버트 조스는 이렇게 일축했다.

"우리가 스탠퍼드에서 가르치는 내용은 앞으로 인생을 살아가는 데 계속해서 도움이 될 수 있는 보편적인 사고법과 지식을 가르칩니다. 최신 기업사례와 이론을 다루지만 그다지 비중이 크지 않습니다."

스탠퍼드 경영대학원의 슬로건은 '인생을 바꾸고 조직을 바꿔서 세상을 바꾼다.'이다 개인의 성장이 곧 조직, 사회, 국가, 나아가 생태계 전체의 발전인 셈이다. 스탠퍼드 경영대학원에 지원하기 위해서는 반드시 에세이를 제출해야 하는데 그 주제는 10년 넘게 변함없이 "당신에게 가장 중요한 것은 무엇인가? 그 이유는 무엇인가?"이다. 개인의 사명과 신념에 관하여 묻는 것이다. 이렇게 개인의 성장을 통해 타인을 비롯한 전 지구적 관점으로 시야를 넓히고 이에 대한 책임감을 지니라는 의미이다.

몇 년 전, 작고한 미래학자 엘빈 토플러는 한국을 방문했을 때 "한국의 학생들은 미래에 없어질 직업을 위해 15년 밤낮없이 공부한다."라며 한국 교육을 비판하고 걱정했다. 투자의 귀재로 불리는 짐 로저스는 "한국의 공무원 열풍은 참으로 안타깝다. 한국 청년들이 자신이 사랑하는 일을 찾지 않고 무조건 안정적인 공무원이나 대기업만 좇을 경우, 한국은 머지않아 활력을 잃고 몰락의 길을 걸을 것이다."라고 말했다.

나에게 가장 중요한 게 무엇인지를 찾았다면 행동으로 옮겨야 한다. 내가 성공자를 직접 만난다는 것은 현실적인 어려움이 있다. 그래서 간접적으로 따라해보자. 매체나 유튜브를 통해 그 사람의 강연을 접한다면 눈빛과 표정, 말투, 손짓 다 따라 할 수 있다. 닮고 싶은 성공자의 책을 접한다면 책에 적혀 있는 그대로 일단 실천하자. 기적처럼 그 성공자와의 만남이 성사되어 결과를 얻은 듯한 느낌을 받을 것이다. 특히 내적인 것을 따라 하려면 진짜 바짝 엎드려 배워야 한다. '왜 저렇게 판단했을까?', '어떻게 저런 도전을 할 수 있을까?' 계속 반복하며 그의 마인드까지 닮도록 해보자.

책에서 귀인을 만나다

현장에서 실시간으로 살아 있는 정보를 얻을 수 있다면, 책에서는 오랜 시간 축적되어온 경험과 지혜, 통찰력 등을 배울 수 있다. 때로는 커다란 감동을 일으키며 위로를 얻기도 한다. 독서의 중요성을 강조하기 위해 누군가는 말한다.

"한 분야의 책 100권만 제대로 읽었다면, 그 분야 학위를 딴 것과 같다." 그러면 누군가는 이렇게 묻는다. "100권은 너무 많고 시간이 오래 걸리니 차라리 10권을 반복해서 읽는 게 낫지 않을까요?" 같은 주제의 책이라도 저자에 따라 다른 시각으로 접근하고 다른 주장을 펼치기도 한다. 한 권만 수십 번 읽다 보면 그 책의 내용이 진리인 양, 맹목적으로 믿게 될 위험도 있다.

유명한 책 몇 권을 골라 여러 번 읽고 깊이 공부했다. 그랬더니 그 책들에서 본 것을 그대로 따라 하게 되었다. 마치 우리 회사의 경영을 다른 사람에게 맡기는 리더가 된 기분이었다. 독서 방법에 따라 장점과 단점이 있기 마련이다. 저자는 장점에 역점을 두고 단점은 참고로만 하고 싶다. 나 역시 부족함이 많아 독서를 통하여 보완하고 있는 중이다. 책을 통하여 귀인도 만날 수 있었고 내 사명도 알게 되는 큰 수확이 있었다. 이번 꼭지의 제목이 '왜 태어났는지, 자신의 사명을 찾아라'이다.

 내가 간절히 원하는 것이 나의 꿈이며 그것에 가치를 더한 것이 사명이다. 사명을 지키기 위한 판단 기준이 신념이라고 한다. 아직도 본인의 사명이 무엇인지 알지 못한 사람이 많을 것이다. 사명이 없다면 삶의 방향을 정하지 못하고 세월이 가는 대로 인생을 보내고 있다는 것이다. 인생 후반전을 뜻있게 보내기 위해 지금부터 사명을 찾아보자. 꿈은 전염되고 학습된다. 갖고 싶은 것, 가고 싶은 곳, 하고 싶은 것, 보고 싶은 곳을 찾아보자. 거기서 사명을 발견할지 모르는 일이다. 부디 사명을 찾아 활력있는 삶을 보내길 바란다.

27초 투자로
자신감과 에너지를 채워라

어느 해 가을, 라디오에서 흘러나오는 통기타 가수의 노래를 듣고 아주 부러움을 느꼈다. 세월이 가면서 감성이 풍부해져 예술 그 자체의 힘을 느낄 수 있었다. 며칠째 인터넷으로 통기타 노래를 들었다. 우연의 기회인가! 통기타를 제조하는 사장님을 만나서 통기타를 구매했다. 직장 주변에 실용음악 학원이 있어 방문했다. 그렇게 시도는 해보았으나 끝이 나지 않은 상태로 세월이 흘렀다.

기회는 돌고 돈다. 아들 방에 있던 통기타를 보고 주거지 주변의 통기타 학원을 찾아 나섰다. 경기가 좋지 않은지 문이 잠겨있거나 폐쇄되어 있었다. 그러던 어느 날 아파트 공고판에 통기타 회원을 모집한다는 안내문이 부착되었다. 재능 기부자가 나타난 것이었다. 이번에는 기회를 놓치지 않았다. 참여자는 개인사업자, 전업주부, 프리랜서 등으로 구성되었다. 열정을 가지고 매일 연습했다. 손끝이 아팠고, 아내는 소음 때문에 집안이 시끄럽다고 야단이었다. 구박과 서러움을 이겨가며 1년 넘게 배웠다. 코로나19로 인해 지금은 휴강 상태지만 성과는 있었다.

그렇게 과거 매력을 느끼고 소망하던 노래를 통기타로 연주했다. 취미를 한 가지 더 가지게 되었으니 자신감도 늘었다. 통기타 배움 경험이 새로움에 대한 자신감을 증가시키고 나의 에너지를 더욱 활성화하는 데 도움을 주었다.

어느 날, 자려고 누운 이불 속에서 문득 과거의 실수가 떠올랐다. '왜 나는 그런 것도 못 했을까?', '왜 나는 그런 일에 서투를까?'라는 생각이 꼬리에 꼬리를 물어 잠들지 못한 밤. 당신에게도 그런 경험이 있지 않은가? 움직이지 않으면 문제를 자꾸 상상하게 만들어 시간을 낭비하기 쉽다.

심리학자들은 자연 속에서 이뤄지는 신체 활동을 '녹색 운동'이라고 부른다. 자연 속에서 아무 활동이든 하면 5분도 걸리지 않고 기분이 좋아지고 앞날에 대한 전망이 밝아진다고 한다. 기분이 단순히 좋아지기만 하는 게 아니라 달라지기도 한다. 일상생활의 온갖 문제에서 멀어지고 삶 자체와 더 연결되는 것이다. 밖에 나가서 산책만 해도 사람의 체내 시계가 늦춰져 마음에 여유가 생긴다. 심지어 자연 속에서 보냈던 순간을 떠올리기만 해도 사람들은 주변 세상과 연결됐다고 느끼고, 일상의 걱정을 내려놓고 자신보다 더 위대한 존재를 의식하게 된다. 움직임은 여러 가지로 이롭다는 것인데, 사회적 활동은 더욱 효과가 있다. 내가 통기타를 시작한 것처럼, 집안에만 있지 말고 밖으로 나가서 활동하기를 권한다.

밖으로 발길을 돌려도 절반 성공이다.

밖에서 시간을 보내면 불안한 마음을 가라앉힐 수 있다. 우리가 자연에서 흔히 느끼는 감정. 즉, 경외감과 감탄, 호기심과 희망은 근심과 걱정, 우울감에 천연 해독제이다. 캐나다의 드넓은 강에서 카누를 즐기는 한 남성은 "노를 젓다 보면 내 안에서 나쁜 기운이 싹 빠져나갑니다. 근심 걱정이 눈 녹듯 사라지고 답답하던 가슴이 뻥 뚫립니다. 강물이 유유히 흐르듯 세상일도 다 이렇게 흘러갈 텐데. 걱정해서 뭐 하겠습니까?"라며 자연에서 자신의 마음가짐이 어떻게 달라지는지 설명했다.

어떤 사람은 자연 속에서 '온전한 소속감'과 '누군가를 진심으로 껴

안았을 때와 같은 푸근함'을 느낀다고 말한다. 이처럼 야외 활동의 심리적 효과는 참으로 심오하다. 서울에 있는 홍릉 수목원에서 우울증 치료를 받는 중년 성인들을 대상으로 매주 인지행동치료를 받기 전에 수목원을 걷게 했다. 한 달 후, 숲을 걸었던 사람들 가운데 61%가 차도를 보였다. 병원에서 심리치료만 하는 경우보다 세 배나 높은 수치였다. 오스트리아에서 시행된 한 연구에서는 기본적인 의학적 치료에 등산을 추가하자 자살을 시도했던 사람들의 자살 충동과 무기력증이 줄어드는 것으로 나타났다.

사람들이 대부분 시간을 실내에서 보내는 건 비교적 최근에 생겨난 현상이다. 인간의 뇌는 대부분 시간을 밖에서 대자연과 호흡하며 살았는데 오랜 세월 동안 서서히 진화했다. 그래서 자연 속에 있을 때 인지 능력을 더 활발하게 발휘할 수 있다.

사람들끼리 연결될 때 에너지가 생긴다

조정 보트의 승조원들이 어떻게 훈련하는지 아는가? 그들은 육지에서도 팀워크를 발휘해 8인승 보트를 어깨에 짊어지고 보트 창고에서 강까지 발맞춰 나아간다. 조수는 진행 방향에 등을 돌리고 앉아 상류 쪽으로 노를 젓는다. 진행 방향을 못 보기 때문에 뱃머리에서 방향과 속도를 지시하는 타수에게 의지한다. 또 바람과 물, 보트와 다른 승조원의 움직임을 감지하는 능력에도 의지한다. 타수 외에는 아무도 입을 열지 않는다. 그저 각자의 노를 한마음으로 저을 뿐이다. 일사불란한 움직임을 위해 모두 한 몸처럼 움직여야 한다.

"우리는 동료와 물살의 움직임을 하나하나 느낍니다. 하지만 점차 그 느낌이 흐릿해집니다. 그냥 한 몸처럼 융화되기 때문이죠. 동료뿐만 아니라 강물하고도 마찬가지입니다."

사람들이 한마음 한뜻으로 모여 움직인다면, 언제 어디서나 행복을 맛볼 수 있다. 행진할 때, 댄스 클래스나 나이트클럽에서 춤출 때, 도로 한쪽에서 줄넘기하거나 공원에서 태극권을 수련할 때, 그리고 교회에서 몸을 흔들며 찬송가를 부를 때도 얼마든지 행복의 절정을 맛볼 수 있다. 1912년, 프랑스의 사회학자 에밀 뒤르켐은 사람들이 함께 의식을 치르거나 기도를 드리거나 일을 할 때 느끼는 행복한 자기 초월감을 일컬어 '집단적 열광'이라 표현했다. 이러한 활동을 통해서 사람들은 자기들끼리, 또는 자기들보다 더 큰 존재와 연결됐다고 느낀다.

많은 사람들이 정년퇴직 후에는 지금까지 앞만 보고 살아왔다는 이유로 이제는 좀 쉬어야겠다고 이야기한다. 하지만 마음속은 많이 남아있는 세월을 생각하며 여러 가지 고민으로 걱정이 많다. 당장 가까운 친구들과 만남도 줄어들고 외출도 자제한다. 이웃 사람들의 시선을 의식하기 때문이다. 다른 사람들이 출근하여 근무하고 있는 시간대에 거리를 활보하는 게 이상하다고 느낀다. 일부는 아침마다 산을 찾아서 시간을 보낸다. 그런데 그게 하루 이틀도 아니고 등산만 한다면 얼마나 지겨울까.

앞에서 언급했듯이 나는 다른 사람과 취미생활을 함께하거나 사회봉사활동을 했다. 건강 유지를 위해 새벽에 집 뒷산에 등산하는 것도 게을리하지 않았다. 이러한 활동으로 인하여 나는 생활의 활기를 더얻을 수 있었다. 대외활동은 나에게 활동력과 에너지를 높이는데 효율적이었다. 움직임의 힘을 경험해 보길 바란다.

02

'뉴셋'으로 삶의 어두운 그늘에서 탈출한다

< 자살 >
소리 없는 재앙,
50대 자살자 수 1위를 벗어나라

주목해야 할 숫자가 있다. 통계청 발표 2020년 사망 원인통계에 따르면 연령 별 자살 수 1위가 50대, 2위가 40대이다. 자살자 중 남성 비중이 68.9%로 높다. 많은 경험과 삶의 지식을 지닌 성인들인데 예상 밖의 순위에 더욱 놀랍다. 그들에게는 노년을 기대하고 있을 부모 세대가 있다. 사회 첫발을 밟기 위해 준비하거나 재학 중인 자녀들이 있다. 또 평생의 동반자로서 노년을 함께할 배우자가 있는, 가정의 중심적인 역할을 하는 인물이다. 사회 공동체의 기반이 되는 가정이 흔들린다면 곤란하다.

한국의 자살률이 OECD 가입국 중에서 12년째 1위라는 말에는 별다른 반응을 보이지 않던 사람들도, 한국의 자살자 수가 전쟁 중인 나라의 사망자 수(군인+민간인)보다 많다는 말을 들으면 비로소 깜짝 놀란다. 최근 10년간 한국에서의 자살자 수는 약 15만 명으로 9년간 이라크 전쟁 사망자 수인 3만 9,000명보다 무려 4배가 많다. 또 2007년부터 2011년까지의 5년간 한국에서의 자살자 수는 7만 1,916명으로 같은 기간 아프가니스탄에서의 전쟁 사망자인 1만 4,719명에 약 5배에 가깝다.

한국인의 삶은 전쟁 국가 민중들의 삶보다 과연 낫다고 할 수 있을까? 자살 왕국 한국을 전쟁 국가들보다 더 나은 사회라고 말할 수 있을까? 상황이 이렇다 보니 어떤 분은 이런 슬픈 농담을 하기도 했다. "자살 수가 줄어들려면 전쟁이 터지면 되겠네."

우리가 오해하고 있는 자살의 직접 원인

〈왜 자살하는가〉의 저자인 에릭 마커스는 다음과 같이 묻고 대답한다. "경제적으로 부유한 가정과 불우한 가정의 자살률에 차이가 있는가? 차이가 없다." 미국은 진작에 소득 기준 상위 10%의 자살률이 가장 높았고, 우리나라 역시 2010년 정도를 기점으로 소득 기준 상위 10%의 자살률이 1위를 기록했다. 더욱이 한국에서 부유층의 자살률은 매우 빠른 속도로 증가하고 있다. 경제 상황처럼 돈은 고통의 직접적인 원인이 아니라 간접적, 매개적 요인이다.

부자에게 쏟아지는 호의는 알고 보면 돈의 마성 덕분이다. 부자는 자신이 소유한 액수 때문에 선망의 대상이 된다. 현대사회는 돈에 대한 숭배가 지대해 돈을 어떻게 벌었느냐보다 돈이 많다는 사실 자체를 중요하게 여긴다. 부자는 돈과 구분되지 않는다.

액수가 곧 자신이 된다. 부자들은 타인의 호의가 과연 자신을 향한 것인지 돈을 향한 것인지 변별할 수 없다. 부자는 돈이 떨어지면 자신은 아무것도 아니라는 불안감에 시달린다. 돈이 몰리는 곳이면 어김없이 정신상담소가 생겨난다. 돈의 부정적인 측면이다.

알코올 의존자의 40%는 적어도 한 번 이상 자살을 시도했고, 7%가 자살로 생을 마감한다는 연구 결과도 있다. 약물 역시 자살에 알코올과 유사한 악영향을 미친다. 그러나 유전적 취약성과 마찬가지로 자살의 주요 원인은 아니다. 사람들을 알코올이나 약물에 의존하게 만드는 이유가 이미 존재했을 것이기 때문이다.

자존감 향상, 사람과의 교류가 자살을 줄인다

인터넷에 올라온 자살 사건이다. 첫 번째, 득호(가명)씨는 음식 배달 기사였다. 몸이 불편한 모친은 병원에 입원 중이었고, 그는 서울의 한 다세대 주택에서 혼자 살았다. 두 번째, 김철웅씨(가명·35)는 지난 5월 스스로 안타까운 선택을 했다. 철웅씨도 수도권의 다세대 주택에서 혼자 살았다. 사망 당시 그의 책상 주변에서 이력서 100통 이상이 발견됐다. 2~3장을 제외하면 빈칸이 하나도 채워지지 않았다. 세 번째, 박광수씨(가명·50)는 지난해 12월 극단적인 선택으로 세상을 떴다. 사망 당시 그의 원룸 테이블에는 빈 소주병과 플라스틱 빈 그릇이 놓여 있었다. 고개를 숙인 곰 인형 두 개가 테이블 옆을 나란히 차지했다.

20대 득호씨와 30대 철웅씨, 50대 광수씨는 나이대와 처한 사정이 다 달랐지만, 모두 혼자 살았다. 일찍이 뒤르켐이 사회통합모델을 통해 "의미 있는 관계가 많을수록 자살률이 낮다."라고 주장한 이래 고독이 자살의 첫째 원인이라는 사실은 수많은 연구를 거쳐 반복적으로 확인되었다.

자신을 존중하고 사랑하는 마음이 자존감이다. 상대가 부정적으로 한 이야기를 예민하게 받아들이지 않고 그것을 자신과 결부시키지 않아야 한다. 자존감이 높아지면 타인에 대한 배려심도 생기고 타인에게 좀 더 유하고 너그러워지며 대인관계도 원만해진다. 따라서 고독과는 거리가 멀어질 수 있다.

나는 학교에 적응하지 못하는 위기 학생을 상담하고 있다. 이 학생들의 특징은 대인관계에 문제를 지니고 있고, 자존감이 낮다는 것이다. 손목에 자해의 흔적이 남아있고 심지어 목 부위에도 가끔 흔적이 있다. 현장에서 이런 사례를 많이 목격하였기에 고독이 위험하고 자존감이 중요한 요소임에 동의한다.

학생들에게 대인관계에서 기본을 알려 주어 친밀감 형성에 도움이 되도록 한다. 청소년들은 감정 변화가 심하여 충동적인 행동이 빈번히 발생한다. 자존감 향상을 통하여 이해심이 높아지고 이성적인 판단이 될 수 있도록 역점을 둔다.

남성들 사이에 담배는 관계 형성에 시초가 되기도 한다. 담배를 피우고 싶으나 주머니에 담배가 없을 때 주변에 있는 사람에게 담배를 부탁하고, 이게 계기가 되어 안면을 익힌다. 물론 나는 비흡연자다. 아버지께서 담배를 즐겨 하셨고 어머니께서는 나에게 어려서부터 금연을 강조하셨다. 흡연자로 인하여 담배 연기를 간접적으로 마실 때마다 흡연자에 대한 부정적인 감정이 더 깊어졌다. 담배의 위안을 알게 되자 거리의 흡연자들이 다르게 보였다. 예전에 타인에게 피해를 주는 몰상식한 작자들이라 평가하며 그저 혀를 끌끌 찼다면, 요새는 이들이 자신의 구강이라는 봉수대에서 연기를 피워 올리면서 구조 신호를 보내는 것 같아 이해를 많이 하는 편이다.

요즘은 자살 소식을 흔하지 않게 접할 수 있다. 그래서 우리는 자살이라는 용어에 둔감하다. 50대는 사회에서도 가정에서도 중심적인 역할을 하는 세대다. 모두가 관심을 가지고 개선되도록 해야 한다. 경제적인 요소가 자살의 직접적인 원인이라고 우리는 오해하고 있다. 가장 중요한 것은 우리 스스로 가지고 있는 마음 자세다. 자존감을 증가시키고 친밀감으로 대인관계를 강화해야 한다. 이 분야에 약한 사람들은 마음을 뉴셋해야 한다.

< 고립 >
외로움으로 매질 당하는 나라

'고독이란 매질과 비슷하다.' 매질엔 장사가 없다. 어쩌면 고독사란 오랫동안 외로움에 맞아 죽는 것인지도 모른다. 홀로 지내는 일이 계속되면 누군가와 함께하는 감각마저 상실한다. 귀인이 다가오더라도 상대를 어떻게 대해야 할지 몰라 인연을 놓치게 된다.

'고독과 담배는 유사하다.' 사람들과 떨어져 외로움에 시달리는 사람은 날마다 한두 갑의 담배를 피우는 꼴이라는 연구 결과도 있다. 외로움은 흡연만큼 심각한 영향을 미치는데, 흡연과 달리 고독의 피해는 알려지지 않았다.

한 죄수는 독방에서 14년 가까이 보내다가 정신이상 증세가 생기기 시작하자 오히려 기뻐했다. 드디어 고독이라는 감옥에서 석방될 것 같았기 때문이었다. 독방에 갇히고 10일이 지나면 정신이상 징후가 뚜렷하게 발생한다. 미국에서 진행한 한 연구에 따르면 독방에 장기간 갇혀 있던 수감자 가운데 3분의 1은 결국 정신병을 얻게 되는데, 그 숫자가 미국에서만 최소 8만 명이다.

한 심리학자는 148건의 연구자료를 모아 외로움이 전 세계 30만 8천 명에게 미친 영향을 종합했다. 인간관계가 단절된 사람일수록 사망률이 높았다. 성별이 어떠한지, 건강 상태가 어떠했는지, 세계 어느 지역에 사는지는 크게 문제가 되지 않았다. 오로지 타인과 거리가 생겨 고립감을 느낄 때 사망위험은 치솟았다.

50대 남자는 고독을 어떻게 대할까?

남자들은 타인에게 자신의 외로움이 노출되는 걸 마치 전쟁에서 패배한 것처럼 수치스럽게 생각한다. 타인에게 자신이 외롭다는 어려움을 표현하지 않고 어쩌면 자신이 외로운 줄도 모른 채 고독 속에서 망가지는 남자들이 부지기수다. 고독에 대응하는 방식은 성별에 따라 사뭇 다르다. 여자들은 친밀한 관계를 중시하는 만큼 외로움에 힘들어하면 큰 타격을 받는다. 상담을 신청하고 우울증을 호소하는 대다수 사람은 여성이다.

반면에 남자들은 고독을 대범하게 견디는 것처럼 보이는데, 대뜸 범에게 물린 것처럼 쓰러진다. 통계를 보면, 전 세계 어디든 전 세대에 걸쳐서 남자가 훨씬 많이 자살한다.

고독사하는 사람에 중년 남성이 많다. 남자들은 좀처럼 속마음을 밝히지 않아 곁에 있는 여자도 외롭게 만든다. 왜 남자는 여자에게 마음을 터놓지 않는 것일까? 남편과 함께 상담실을 찾은 아내들은 상담가에게 남편이 숨겨온 고통을 토로하며 눈물을 글썽이면서도 속으로 실망한다.

남자가 여자에게 속마음을 알리지 않으려는 건 합당한 이유가 있는 셈이다. 여자가 자신에게 실망하고 떠날까 봐 남자는 두려워서 자신의 고통을 고독하게 견디며 입을 다문다.

사랑하는 마음이 고립을 이겨낸다

진실하게 사랑하면 자유로워진다. 타인을 위해 마음을 쓸수록 마음이 치유된다. 타인이 행복하면 덩달아 행복해진다. 타인의 외로움을 안아주면서 자신의 외로움에서 벗어난다. 남에게 하는 행동은 결국 나에게 하는 행위이다. 모든 행동은 자기 자신에게 다시 돌아온다.

우리는 경쟁에서 이기는 것만 배웠지 어떻게 사람들과 공감하고 어울려야 하는지 배운 적이 없다. 지금부터라도 절박하게 익혀야 하는 건 타인 옆에 앉아서 귀 기울이는 법, 자신의 마음을 진솔하게 전하는 법일지도 모른다. 지난날을 되돌아봤을 때 힘겨운 시절은 그저 인생이 잘 풀리지 않았기 때문만은 아니었다. 외로웠기 때문에 고통스러웠다. 시련이 들이닥쳐도 혼자가 아닐 때는 고통에 쓰러지지 않았다. 누군가가 곁에 있으면 힘이 났고, 고통을 나눌 수 있었다. 고통에다 고독이 더해질 때 무너졌다. 오랫동안 혼자서 지낸다는 건 자신에게 벌을 가하면서 스스로 궁지로 몰아넣는 꼴이다.

자살자들이 남긴 유서들이다. "나 숨만 쉬고 있을 뿐 정신은 오래전에 죽은 것 같아.", "누군가에 의지하고 싶은데 아무도 날 받아 주지 않을 거야.", "슬프고 두렵지만, 안타깝지만 어쩔 수 없다. 그 누구도 사랑할 수 없구나", "엄마한텐 너무 죄송스럽지만, 난 실수로 이 세상에 던져진 거야. 이제는 사람을 만나는 게 무섭다.", "밖에 나가면 너무 어색하고 힘들다."

나는 방에서 나오지 않는다는 성인들의 사례를 몇 차례 전해 들었다. 최근에는 두 학생의 상담을 진행했다. 한 사례는 상담이 보호자의 요청으로 취소되었는데 집 밖을 나오기 어려워 자택에서 상담받기를 원했다. 상담을 진행하게 된 다른 학생도 사람을 만나는 게 두려워서 외출이 안 된다고 전해 들었다. 학생은 약 6개월 전에 보호자로부터 본인의 존재를 부정하는 언어적 폭행을 당했다고 한다. 기성세대들은 흔히 들어본 언어들이다. "내가 이러한 수모를 당하려고 너를 낳았나!", "차라리 밖에 나가서 죽어버려라", "그 당시에 주변 사람들의 권유에 따라 너를 낳지 말았어야 했는데" 등 이러한 종류의 말은 과거에 어렵지 않게 들을 수 있었다. 아주 위험한 언어표현이다. 당사자 관점에서 볼 때 본인이 존재해서는 안 된다는 충격적인 이야기이다. 특히 정체성이 정립되지 못한 청소년기에 있어서 조심하고 또 조심해야 할 언어다.

만약 이런 언어적 경험을 겪은 청소년들에게 좌절, 자책, 허무감 등 부정적인 감정이 생긴다면 얼마나 쉽게 삶을 포기하려 할까? 이들은 살아 있다는 사실이 수치스러워 사람들을 만나는 게 부끄럽고 두려울 것 같다. 그래서 사람을 무서워하며 밖에 나가려 하지 않는 것이다. 다행히 내가 상담했던 학생은 많이 개선되었고 졸업을 하면서 동시에 상담도 종결되었다. 하지만 지속적인 상담이 필요하다고 보호자께 당부해 두었기에 잘 마무리가 될 것으로 기대한다.

은둔형 외톨이란 '사회생활을 거부하고 장기간 집안에만 틀어박혀 있는 사람이나 그 상태를 일컫는 말'이다. 청소년 시기에 사람 만나는 것을 부담스러워하거나 거부감을 경험한 경우, 성인이 되어서도 과거의 상황이 재연될 가능성이 크다. 청소년기에 은둔형 외톨이 경험이 있는 사람들은 특히 사회와 단절될 가능성에 유의해야 한다.

고독과 고립은 사람과의 관계로 인하여 초래된 결과이다. 내가 먼저 타인을 사랑하는 마음으로 대한다면 사랑은 결국 자신에게 돌아온다. 또 사랑하는 마음을 가지고 있으면 본인이 행복하다. 삼자로부터 사랑을 받는 것보다 본인이 먼저 자신을 사랑하는 게 근본적인 해결 방법이다. 타인이 사랑해 줄지 말지는 내가 선택할 수 없고 타인의 결정에 달려있다. 그러나 자신을 사랑하는 것은 자신의 의지로 가능한 확정적 선택이다.

< 자책 >
자신에게 엄격해야 할 이유가 있나?

나는 인생 전반기를 은행에서 근무했다. 은행은 신뢰를 생명으로 하기에 업무처리는 정확해야 한다. 1원이라도 틀리면 그것을 밝혀내기 위해 많은 시간을 보낸 지난 직장생활이 기억난다. 그러한 경험이 많다 보니 무슨 일을 할 때 한 번에 정확히 한다. 그래서 무엇을 하든 천천히 세밀하게 살피거나 두 번, 세 번 반복해야 마음이 놓이는 습관이 생겼다. 직장생활은 완벽함을 추구하거나 깔끔한 모습, 뱉은 말은 반드시 지켜야 한다는 생활태도를 형성하게 하였다.

직장에서 일을 잘한다는 평가는 곧 철저하게 하여서 뒷말이 없어야 한다는 것을 의미했다. 이 모두가 타인을 너무나 의식하는 행위들이다. 타인을 의식하면 본인이 피곤하게 된다는 건 당연하다. 최근에 이러한 병폐를 알아차렸고 또한 타인의 시선을 의식해야 하는 상황이 많이 없어졌기 때문인지 고질적인 습관에서 벗어나고 있는 것 같다. 한 번만 검토하기. 남 의식하지 않고 나의 소신과 결정에 따라 행동하기 등이다. 이전보다 처리 속도도 빠르고 마음도 편해서 좋다.

누구나 자신을 바라보는 이미지를 갖고 있다. '나는 성격이 급해', '나는 무엇이든 완벽하게 하려는 편이야', '나는 무뚝뚝해' 등 스스로 자신을 정의하는 이런 시선을 '자기규정'이라고 한다. 긍정적인 자기규정을 가진 사람은 새로운 도전 혹은 인생의 난관을 만났을 때 두려워하거나 좌절하지 않고 씩씩하게 맞서 나간다. 문제는 멋대로 만들어 낸 근거 없는 자기규정을 가지고 있을 때다. 타인이 볼 땐 전혀 말도 안 되는 생각이지만 본인은 진지하게 자신을 왜곡된 시선으로 인식한다.

"그것 봐. 넌 안 돼. 넌 절대 못 해". 누구나 한 번쯤 이런 말을 들어 봤을 것이다. "안돼!"라고 단정 짓는 마음속 목소리는 어머니 혹은 아버지의 음성과 닮았을지도 모른다. 어떤 경우든 나에 대한 부정적인 평가는 긍정적인 평가보다 강렬한 흔적을 남긴다.

생각보다 많은 사람이 자신에게 지나치게 엄격하다. 당신은 자기 자신을 어떻게 평가하고 있는가? '잘하고 있어. 열심히 하고 있어'라며 스스로 칭찬한 적이 있는가? 자신과 경쟁하는 사람은 절대 자신을 칭찬하지 않는다. 아무리 열심히 노력해도 '좀 더, 좀 더'라며 다그치고 닦달하며 끊임없이 스스로 깎아내린다. 아주 사소한 실수 하나에도 자기 자신을 부정하고 바보 취급하며 거친 말로 매도할 것이 뻔하다. 이렇게 하면 할수록 어떤 일도 끝까지 해낼 수 없다.

'진짜 나의 모습'을 원수처럼 취급하면 절대 자기 자신과의 경쟁에서 이길 수 없다. 원수 같은 나에게 '잘하고 있어, 이걸로 충분해'라며 격려의 말을 건넬 리도 만무하다. 자신과 경쟁하는 사람들은 자신에게 엄격하기에 칭찬보다 질타에 익숙하다.

힘든 선택, 자기 의심은 스스로를 힘들게 한다

자신에게 엄격한 사람은 일부러 '힘든 인생'을 선택한다. 편하게 목표를 달성할 방법이 있어도 선택하지 않는다. 경쟁에 지나치게 익숙해져 버린 나머지, 마치 실패하기를 바라는 사람처럼 힘들고 어려운 길을 선호한다. 자신에게 엄격한 사람은 쉬운 방법이 미심쩍어 보이기 때문이다.

이상하게도 어려운 방법을 선택해서 고생해야 오히려 마음이 편하다. 이어서 고생하며 노력해도 자신에게 좀처럼 합격점을 주지는 않는다. 객관적으로 뛰어난 사람인데도 불구하고 현저히 낮게 자기평가를 해 스스로를 힘들게 한다.

어떤 식으로든 자신을 의심하면 자신에게 가혹해진다. 스스로 부족한 사람이라거나 무언가를 할 수 없다고 가정해 보자. 그 근거를 찾는 가장 쉬운 방법은 성공한 사람과 자신을 비교하는 것이다. 그러면 자신이 부족한 존재라는 왜곡된 믿음이 강해진다. 이처럼 비교하는 방식은 자기 의심을 뒷받침해 자신을 불행하게 만든다. 그야말로 스스로 자신의 급소에 한 방을 날리는 셈이다.

자기 의심으로 가득한 사람일수록 주의를 딴 데로 돌려주거나 보상해줄 무언가를 적극적으로 찾아 나설 것이다. 심리학 용어로는 보상성 회피라고 하는데 대부분의 사람이 이런 회피에 능숙하다. 또 자기 훼방은 남과 비교하거나 더 많은 것을 원함으로써 스스로 방해하고 망치려는 행동을 의미한다. 너무 극단적으로 느껴질 수도 있지만 사실이다.

비교에는 자기혐오나 자기 비난을 굳어지게 하는 아주 강력한 힘이 있다. 마음속의 목소리가 스스로 부족하다고 생각되는 것을 타인과 비교하도록 부추긴다. 그래서 자신의 성취나 자질, 상황을 타인의 성공이나 외모, 지위 등과 비교한다. 본인이 이러한 경향이 있다면 마음을 먼저 편안하고 긍정적으로 변화시킬 필요가 있다.

자기 안에서 만족을 찾는다

유명한 정신의학자 칼 융은 "겉을 보는 자는 꿈을 꾸게 되지만, 안을 보는 자는 각성하게 된다."라고 말했다. 내적 세계에 만족하면 남과 비교한다거나 자극적인 것을 더 많이 원하게 되는 일이 없다. 자기 안에서 만족과 평화, 행복을 발견하면 행복을 외적 요인에 의존할 필요가 없어진다. 어떻게 보면 필요한 것이 전부 자기 안에 있으므로 운명의 진정한 주인이 된다고 한다.

안에서 만족을 찾으려면 방향을 바꾸어 안을 들여다볼 용기가 있어야 한다. 익숙하지 않은 영역인 내면을 바라보는 게 약간 두려울 수도 있다. 하지만 당신이 원하는 것은 거기에 있을 가능성이 크다. 그것을 찾는다면 바깥세상이 결코 줄 수 없는 무언가를 밖에서 찾으려고 할 필요도 없어진다.

약간 우울하고 길을 잃은 것만 같은 날이 있다고 해보자. 당신은 울적한 마음을 잊으려고 다른 사람들은 어떻게 사는지 살펴볼 것이다.

무감각해지려고 술을 몇 잔 마실 수도 있다. 하지만 그렇게 해도 답은 나오지 않는다. 내가 안으로 향한다는 것은 잠시 하던 일을 멈추고 천천히 심호흡하며 내면에 무엇이 있는지 호기심 어린 눈으로 바라본다는 뜻이다. 무엇이 필요한지 자신에게 물어볼 수도 있다. 그러면 무언가를 처리할 공간을 만들려는 감정 상태로 접어든다. 자신을 잘 돌보고 있는지 살펴보거나 앞으로 나아갈 방향이나 필요한 변화에 대해 생각해보는 시간이 되기도 한다. 해답은 내 안에 있다는 말이다.

자기 자신에게 질타나 자책 대신 칭찬해보자. '참 잘하고 있어. 너무 열심히 하지 않아도 괜찮아. 네가 할 수 있는 만큼 천천히 하면 돼.', '조금씩 나아지고 있어! 훌륭해!', '오늘은 피곤하니까 이쯤에서 그만하자.' 자신에게 칭찬과 격려를 건넬 수 있는 사람이 되어야 무슨 일이든 끝까지 할 수 있다. 지금부터 바로 행동으로 실천하자. 자신에게 엄격하지 말고 칭찬해보자. 활력을 느낄 수 있을 것이다.

< 좌절 >
정년퇴직하면서 좌절해 보셨죠?

퇴직이 다가올수록 마음이 약해지고 부정적인 감정이 조금씩 올라왔다. 결심했거나 계획을 세웠다면 바로 실행에 옮겨야 한다는 생각이 강해지는 것도 이런 부정적인 마음을 없애기 위한 것인지 모른다. 나는 정년퇴직 사직서를 제출하고 집으로 가면서 한식 요리학원을 바로 등록했다. 사전에 파악해 보니 개강하는 시기가 정해져 있었다.

또 공백 기간에 친구와 함께 단기간 해외여행을 갈 수 있었다. 여행을 갔다가 귀국하면 요리학원에 가는 계획이 이어지기에 여행도 부담 없이 즐길 수 있다고 생각했다. 자연스럽게 여행은 각종 스트레스에서 완전히 벗어나 즐겁게 보낼 수 있었다.

이후 대학원에 입학하고 여러 가지 이력을 쌓으면서 현재 책을 쓰고

있다. 어쩌면 퇴직한 후에 내가 좌절하거나 실망할 시간이 없었는지
도 모르겠다. 요즘 유튜브를 보면 70대 전성시대인 것 같다. 나는 내
인생의 절정기를 65세에서 70대 사이로 정하고 오늘도 이력을 쌓고
있다. 퇴직 이후 교육 관련 일도 시작하였고 나의 사명이 '교육'임을
61세에 알았다. 마지막까지 사명 완수에 최선을 다하려고 한다. 인생
의 전반기와 후반기가 전혀 다른 방향이라 기대되고 보람도 가질 수
있는 삶이 상상되어 가속페달을 밟아 가고 있다.

대부분 정년퇴직 후 무엇을 해야 할지 막연함과 좌절감에 빠진다.
정년퇴직인데도 불구하고 동안의 얼굴들이 많아서 그런지 주변 사
람들이 회사에서 잘렸다고 수군거린다. 하지만 당사자는 부인하려고
도, 이해를 시키려 하지도 않는다.

좌절을 연상하니 떠 오르는 이야기가 있다. 암탉이 목청껏 울어서
가보니 짚을 깔아 준 둥지에 달걀이 하나 놓여 있었다. 이제 막 낳은
후라서 따뜻했다. 매일 하나씩 알을 낳는 우리 식구에게는 더없이 소
중한 암탉이었다. 나는 조심스럽게 달걀을 그 자리에 놓아두고 밖으
로 달려 나갔다. 그날 저녁 집에 돌아오자 분위기가 흉흉했다. 낮에 낳
은 달걀이 사라진 것이다. 가족들은 모두 나를 범인으로 지목했다.
텃밭에서 곧잘 노는 사람은 나였으며 입가가 먹은 범인 행색 그 자
체였다. 달걀 하나가 중요할 만큼 가난하기도 했지만, 분함을 못 이

겨 손등으로 눈물을 닦자, 얼굴이 더 지저분해져서 버림받은 아이처럼 되었다. 가족 누구도 내 결백을 믿지 않았다. 그때 내가 느낀 것은 슬픔이나 분노가 아니라 좌절이었다. 내 힘으로 아무것도 할 수 없고 아무것도 바로잡을 수 없었다.

텃밭에 쭈그리고 앉아 울다가 내가 분연히 선택한 것은 죽음이었다. 집 뒤편에 있는 떡갈나무 아래로 갔다. 옆으로 흐르는 냇물 가장자리에서 어린 개구리 한 마리가 뛰어나왔다가 큰 물체인 나를 보고 놀라서 미동도 하지 않고 눈알만 돌린다. 나와 같이 절체절명의 위기다. 개구리의 눈에는 이 위험에서 벗어나 살아야 한다는 의지가 보였다. 한참 동안 개구리를 바라보다 뒤에 남겨두고 집으로 돌아왔다. 개구리에게서 삶의 소중함을 배운 것이다.

신속하게, 때로는 5초를 버티기

수도관이 터졌을 때 가장 먼저 할 일은 수도 밸브를 잠그는 것이다. 그러고 나서 이제부터 넘친 물로 엉망이 되어버린 집안을 닦고 청소하고, 수도관을 고치고, 커피 끓일 물을 어디서 구할지 궁리해야 한다. 수도 밸브는 빨리 잠그면 잠글수록 더 좋다. 자신의 집을 넘어 이웃에게 피해가 번져가는 것을 막을 수 있다. 이와 비슷하게 우리가 좌절을 겪을 때 가장 먼저 취해야 할 조치는 부정적 감정들의 범람을 막는 일이어야 한다.

부정적 감정들이 누적되면 좌절을 극복할 최적의 해결 방안을 찾아내 실행에 옮기는 일이 훨씬 더 어려워진다. 또 이러한 감정들이 한번 분출되면 좌절 자체보다 우리에게 더 큰 상처를 입힐 수가 있다. 좌절을 겪을 때 불쑥 욕을 하는 경우가 종종 있다. 의사가 작은 망치로 무릎을 톡톡 치면 자동으로 무릎이 펴지듯 이런 감정 분출은 자동 반사적이다. 약 5초만 참아보자.

토마스 제퍼슨은 독립선언문 이외에도 오늘날 〈훌륭한 인생을 살기 위한 열 가지 규칙〉이라고 알려진 글을 썼다. 그중에 한 가지 규칙은 누군가가 우리를 화나게 할 때 먼저 입을 열기 전에 10까지 수를 세라는 것이다. 화가 많이 난 상태라면 100까지 세어야 한다. 화가 났을 때 10까지 수를 세면, 그 사이에 우리의 분노가 충분히 가라앉는다. 드디어 입을 열고 이야기를 꺼낼 때 나중에 후회할 만한 말을 불쑥 내뱉지 않게 된다. 그런데 10까지 수를 세는 데 약 5초의 시간이 걸린다는 점에 주목하라.

관점에 따라 좌절은 생기지 않는다

다음을 가정해 보자. 주치의가 내게 심각한 질병에 걸렸다면서 두 가지 치료법 중에서 하나를 선택하라고 했다. 하나는 90%의 확률로 한 달 동안 생존이 가능하며 다른 하나는 첫 달 사망률이 10%에 이른다. 어느 쪽을 선택하겠는가? 많은 사람들이 높은 생존율 때문에 첫 번째 치료법에 끌릴 것이다.

하지만 더 깊게 생각해보면, 한 달 생존율 90%는 첫 달 사망률 10%와 같은 말임을 알 수 있다. 따라서 이성적인 인간이라면 두 개의 치료법이 차이가 없음을 알아차릴 수 있다. 하지만 사람은 철저히 이성적이지 않으며, 특히 각 선택지에 어떤 프레임이 씌워지는지에 영향을 받는다. 그리고 생존 프레임이 씌워진 선택지는 죽음 프레임이 씌워진 선택지보다 더 매력적으로 보인다.

좌절 앞에서 유머를 활용한 멋진 사례를 이야기하고자 한다. 안데스산맥의 잉카 등산로를 따라 4일간 하이킹을 하는 호주인들이 있었다. 하이킹이 끝났을 때 그 일행들은 기차를 타고 이동하여 집으로 가는 비행기를 타기로 되어 있었다. 그러나 강의 범람으로 기차의 운행이 며칠 동안 중단된다는 사실을 알게 되었다. 일행이 고스란히 고립되었다.

이 소식을 접하자 그들은 침묵에 빠졌다. 그러나 일행 중 한 명이 재치 넘치는 의견을 그들 앞에서 이야기했다 "그렇군, 그렇다면 맥주나 마시자고!" 나머지 사람들은 활짝 웃었고 다 함께 흔쾌히 근처의 술집으로 몰려갔다. 그 호주인은 좌절에 유모로 응수함으로써 자신에게서 분노가 생겨나는 것을 막았을 뿐만 아니라 일행 전체의 분위기도 다잡았다. 방 안의 공기를 가득 채웠을 불평불만을 그의 농담이 효과적으로 차단했다.

좌절로 인하여 자살을 선택한 아이가 있었고, 아이 앞에서 죽을 상황을 맞이한 개구리는 살아야 하겠다는 의지로 상반된 모습을 보였다. 둘 다 생존하는 쪽으로 긍정적인 결말이 났지만, 좌절의 상황에서도 어떠한 마음을 갖느냐에 따라 다른 결과를 도출하게 된다. 묻고 싶다. 정년퇴직인데 왜 좌절을 하는가?

< 관점 >
질문을 바꿔야 삶이 바뀐다

내 주변에 긍정적이고 사교성이 뛰어난 친구 한 명이 있다. 연고가 없는 외국에서 몇 년간 살다가 귀국한 친구이다. 귀국 이후에 조그마한 주유소를 운영했다. 주유소가 너무 많이 생겨서 경쟁이 치열하게 되자 처분하고 골프채 매매업을 시작했다. 골프채를 수선해 주는 기술도 배워 병행했다. 이 친구는 항상 자신에 가득 차 있었다.

내가 은행에 근무하고 있을 때, 친구 가게를 방문하거나 전화할 때면 자주 들은 말이 있다. "은행에서 스트레스를 받지 말고 언제든지 그만둬, 할 일은 널려있어." 나는 의아스러웠고 그만둘 용기도 갖지 못했다. 한편으로는 할 수 있는 일이 많다는 데에 대하여 고민과 상상을 했다. 퇴직 후 나는 어떠한가? 학교 부적응 학생들을 만나 상담하고, 기관 또는 단체에서 수업을 진행하기도 하고 책쓰기 등 일상생활이 지겹지 않을 정도다. 친구의 말이 맞았다. 그러나 준비가 필요하다.

'한심한 인간'이라는 꼬리표를 자신에게 붙인다. 이렇게 되면 모든 일의 원인은 내가 한심하여 일어난 것으로 되어버린다. 한번 자책하기 시작하면 다른 이유나 원인을 찾으려는 노력은 하지 않고 그저 스스로 원망하는 것으로 모든 일이 끝난다.

기억에 남는 상담 사례다. 남편이 갑작스럽게 자살을 했다. 처음에는 당황스럽고 어찌할 줄 몰라 멍하니 눈물만 났다. 시간이 가고 정신을 차려 이제는 주변을 둘러보았다. 주변의 시선이 자신에게 몰리는 것 같고 수군거리는 소리가 들리는 것으로 느껴졌다. 장례를 치르고 난 후에도 이 같은 생각은 머리에서 사라지지 않고 일상생활이 어렵게 되자 여성이 상담소를 찾았다. "모든 게 내 탓이라고 생각하는 것은 착한 사람들의 문제입니다. 선생님은 저 멀리서 전쟁이 나도 본인 때문에 전쟁이 났다고 하실 겁니다." "남편분을 미화하지 마세요!" 남편이 죽은 후에 모두가 나를 위로했지만 정작 그 누구도 내 편에서 남편을 욕해주지 않았다. 모두가 죽은 이를 가여워할 뿐이었다. 그 때문인지 나는 남편을 달달 볶으며 못살게 괴롭히던 악독한 여자처럼 느껴졌다.

취미에서 자기 비하를 찾는다

"학창 시절부터 지금까지 배웠던 걸 모두 합치면 열 가지도 넘을 거예요. 하지만 어떤 것도 오래 하지 못했어요." 이 여성은 열 가지도 넘는 취미를 배웠다고 말하지만, 각각의 취미를 왜 그만두게 되었는지 정확히 알지 못한다. 그때그때 달랐을 자신의 '마음'을 무시하고 하나로 뭉뚱그려 생각하고 있다. 확실한 이유를 알지 못하기 때문에 자신을 부정적으로 여길 수밖에 없다.

'난 뭘 해도 항상 끝까지 하는 법이 없어. 그럴 만한 능력이 없나 봐.' 게다가 취미로 배우던 걸 그만둘 때마다 '나는 한심해'라고 생각하다 보니 자신감도 점차 사라진다. 여성을 비하하고자 여성의 사례를 드는 게 아니다. 언급했듯이 여성은 문제를 해결하기 위해 상담소를 찾는다. 남성은 문제를 이겨내야 한다는 사고를 지니고 있어 상담소를 찾지 않는다. 자연히 여성들의 상담사례가 많을 수밖에 없다.

나도 누군가에겐 힘이 되고 위로가 된다

보통 취미라고 하면 스스로 좋아하는 일을 하는 경우가 대부분이다. 내가 원해서가 아닌 회사 동료나 친구의 권유로 시작하게 되는 경우가 있고, 주위 사람들이 모두 무언가를 배우고 있어서 함께 어울리기 위해 취미를 갖는 사람도 적지 않다. 뚜렷한 동기 없이 그저 다른 사람들이 하니까 분위기에 매몰되어 무작정 시작한 사람이다. 당연히 이런 생각만으로 시작한 취미생활은 오래갈 수 없다. 어쩌면 취미생활 자체는 즐겁지만 가르쳐주는 선생님이 마음에 들지 않을 수도 있다. 함께 배우는 사람 중에 불편한 사람이 있을지 모른다. 이런 경우에는 다른 선생님을 찾거나 개인 교습으로 바꾸기만 해도 훨씬 즐겁게 할 수 있다.

순수하게 '하고 싶어서'라는 자신의 마음이 있다면 오랫동안 취미생활을 유지하고 발전시킬 수 있다. 자신을 자책하는 이유는 타인 중심 사고방식에서 찾을 수 있다. 타인이 중심이 되면 끝까지 하지 못한 일에 죄책감을 느끼고 자신을 탓하듯 취미생활도 중도에 포기할 수 있다. 계속하여 온 취미생활은 나 자신에게 즐거움과 만족을 줄 뿐 아니라 누적된 관록과 기술적 향상으로 어느 수준에 도달한다면 타인들에게도 쾌락을 전할 수 있다.

차가운 시멘트 바닥 사이에서 피어난 풀꽃처럼, 나는 아무것도 하지 않았어도 존재 그 자체로 그 누군가에겐 힘이 되고 위로가 될 수 있다.

지금의 나를 사랑하고 받아들여라

인생은 일어난 사건이 아니라 내 해석에 따라 달라진다. 사건을 긍정적으로 해석할 때 성공 가능성이 커진다. 만약 부정적인 생각이 들면 손바닥을 뒤집어보자. 긍정과 부정은 손바닥과 손등 차이다.

아무도 나를 사랑해 주지 않는다고 슬퍼하기 전에 먼저 누구보다 자기 자신을 사랑하라. 자신을 사랑하는 만큼 타인에게 사랑받는다. 자신을 사랑하고 아끼는 사람은 타인의 아픔에 민감하게 반응하고 타인을 사랑하는 능력도 매우 뛰어나다. 타인을 사랑하는 능력이란 자신을 희생하거나 타인을 보살피는 데 열중하는 능력과는 다르다. 상대를 독점하거나 속박하는 것도 아니다. 필요하면 타인을 보살필 수 있지만, 그 필요한 때를 분별할 줄 안다.

자신을 사랑한다는 것은 진짜 자신과 동떨어진 이상적인 '나'를 만들어 내어 그 환영을 사랑하는 것이 아니다. 과거에 멋졌던 혹은 미래에 멋질 나를 사랑하는 것도 아니다. 지금 있는 그대로의 내 모습을 받아들이는 것이다.

2013년 1월 〈사이언스〉지에 조르디 쿠아드박, 대니얼 길버트, 키모시 윌슨의 기가 막힌 연구가 실렸다. 그들은 18세부터 68세 사이의 사람들 1만 9천 명 이상을 대상으로 성격, 가치관, 선호도를 조사

했다. 그러고 나서 일련의 테스트를 통해 연구 참여자들에게 두 가지 간단한 질문을 던졌다. 지난 10년 동안 자신이 얼마나 바뀌었다고 생각하는지. 그리고 향후 10년 동안 자신이 얼마나 바뀔 거라고 예상하는지를 물었다. 이들의 연구 결과는 학계 전체를 술렁거리게 하였다.

언론 매체들도 앞다투어 연구 결과를 보도했다. 연구 결과는 실로 엄청나게 놀라웠다. 나이를 불문한 모든 연구 참여자들이 자신의 삶이 지금까지는 굉장히 많이 변했지만, 앞으로는 거의 변하지 않을 것이라는 같은 생각을 지니고 있었다. 마치 약속이라고 한 듯 나이, 성별, 성격과 관계없이 모든 사람이 공통된 반응을 보였다. 직장을 잃으면 용기도 함께 잃어 여생을 인터넷에 떠도는 아르바이트 공고나 뒤적거리며 살게 될 것이라고 단정 짓는다. 자책하지 마라. 지금의 나를 사랑하고 받아들여라!

우리는 변화가 머릿속에 잘 그려지지 않으면 변화 자체가 일어나지 않을 것이라고 착각한다. 다시 말해, 당신은 당신의 변화를 상상하지 못하기에 변하지 않을 거라고 단정한다. 우리는 스스로 칭찬하고 위로해줄 필요가 있다. 실패 경험을 할 때, 상실의 충격에 휩싸일 때, 사면초가에 빠졌다고 생각할 때 앞길이 막막하고 당황스럽다. 하지만 분명히 길이 존재한다는 사실을 기억해야 한다. 당장 보이지 않더라도 용기를 내고 자신을 향한 신뢰를 쌓아보자.

03

'뉴셋'으로 자신과 주변을 점검한다

< 마음의 벽 >
세상을 보려면 굴레를 벗어라

살아가면서 겪은 경험이나 환경 영향으로 인하여 자연스럽게 형성된 습관이나 마음을 바꾸는 게 힘이 든다. 이미 자신에게 익숙한 것이기에 벗어나는 것을 뇌에서는 꺼린다. 대학원에 다니면서 논문을 쓰기 위해서 나는 연구대상자로 개인이나 집단을 사전에 물색해야 했다. 선배들이나 동기생들은 이미 유사한 업종에 근무하면서 대학원을 진학했기에 별 어려움이 없는 것 같았다.

하지만 나는 은행원에서 상담사로 연관성이 없는 일종의 커다란 변신을 했기에 당장 문제가 되었다. 단지 퇴직을 앞두고 사회복지학과를 다녔다는 게 연결고리의 전부다.

어찌하였든 사전에 인연을 만들어 놓아야 했다. 주변에서 조언을 들은 바에 의하면, 지역아동센터에 가보는 게 좋겠다는 대체적인 의견이었다. 생소한 장소에서 안면도 없는 관계자에게 가서 아동들과 수업을 할 수 있도록 부탁하는 상황에 직면하게 되었다. 게다가 지역아동센터에 근무하는 자는 대체로 여성이며 나이가 많은 남성이 찾아가면 서로에게 어색할 것 같았다.

이러한 부담으로 건물 입구까지는 갔으나 거기까지였다. 왔다가 갔다가를 몇 번이나 하며 망설였다. 피할 수 없는 상황이라 용기를 내어 문을 두드렸다. 첫 번째와 두 번째 센터에는 두 번을 각각 방문했는데 반응이 시원하지 않아 포기했다. 다행히 세 번째 센터에서는 협조가 되어 1년 6개월 넘게 봉사활동을 했다. 물론 논문도 완성할 수 있었다. 이번 경험을 통하여 지레짐작하여 내가 거절당하면 어쩌나 하는 기존의 두려움, 불안의 벽을 무너뜨린 것 같았다. 용기를 가지고 시도하면 쉽지는 않으나 목적을 달성할 수 있다는 자신감을 가지게 되었다. 이후 나의 마음 자세는 도전적이며 적극적으로 변화되었다.

마음을 뉴셋하라

수도승과 제자들이 산을 넘다가 길을 잘못 찾아 헤매게 되었고 밤이 찾아왔다. 불빛을 찾아간 곳은 누더기 같은 옷을 입고 있는 부부, 세 아이 그리고 여윈 암소 한 마리가 기거하는 허름한 초가집이었다.

"우리는 아무것도 가진 게 없고 늙은 암소 한 마리가 있을 뿐입니다. 우유를 짜서 먹거나 치즈를 만들어 먹고 남으면 마을에 가져가 다른 식량과 바꿉니다. 그렇게 겨우 살아가고 있습니다." 이튿날 아침 수도승과 제자들은 부부에게 잠자리와 식사를 제공해준 것에 감사의 인사를 하고 길을 떠났다.

산모퉁이에 이르자 수도승이 제자에게 말했다. "다시 돌아가서 암소를 절벽 아래로 밀어뜨려라." 어려운 처지에 놓인 자신들에게 배려해주었는데 오히려 그들의 소중한 암소를 죽이라고 하니 제자는 스승의 지시가 도저히 이해되지 않았다. 하지만 스승의 명령을 어길 수 없어 암소를 절벽으로 유인하여 밀어버렸다. 몇 년이 지난 후 제자는 우연히 과거에 신세를 졌던 부부가 살던 지역을 지나치게 되었다. 그간의 소식도 궁금하여 찾아갔다. 쓰러져 가던 집은 간 곳이 없고 대궐 같은 집이 새롭게 지어져 있었다. 문을 두드리니 옛날에 신세를 졌던 부부가 나왔다. 사람은 바뀌지 않고 집만 커다랗게 변화하였다. 그동안 그들의 지나간 생활이 궁금하여 물었다. 부부는 "우리는 의지하던 늙은 암소가 갑자기 없어졌고 살아남기 위해 무엇이든 해야만 했기에, 새로운 기술들을 배워야만 했습니다. 버려진 밭에 약초를 심고 묘목들도 키웠습니다."

안전하게 살아가려고 마음먹은 순간, 삶은 우리를 늪으로 밀어 버린다. 현재에 정체하면서 미래로 나아갈 수는 없다. 파도가 후려친다면 그것은 새로운 삶을 살 때가 되었다는 메시지다. 어떤 상실과 잃음도 괜히 온 게 아니다. 현실을 지각하고 돌파구를 찾아야 생존할 수 있다.

문이 하나 닫히면 또 다른 문이 열린다

나에게는 내가 마주한 지금 그리고 여기의 삶이 그 무엇보다 중요하다. "뜻이 있는 곳에 길이 있다."라는 너무나 알려진 그 말을 누구나 믿고 살아가고 있다. 미래에 도달하고 싶은 목적지로 가는 길이 반드시 하나만 있는 것은 아니다. 하나의 문이 닫히면 또 다른 하나의 문이 열린다. 누구도 가지 않는 길, 위험하다고 모두가 회피하는 길, 실패가 자명한 그 길을 걸어갔던 사람들이 오히려 더 위대한 성취를 이루는 일도 많다. 너무 익숙한 것과 편안함을 경계하라는 말이다. 그리고 삶에는 다양한 길이 있으니 현재의 삶이 어렵고 고통스럽다면 그것을 탈출하기 위해서는 마음의 벽을 무너뜨려야 한다.

화교 출신으로 홍콩의 최대 재벌이 된 리카싱의 좌우명은 '멈춤을 안다'라는 뜻의 '지지(知止)'라고 한다. 한 번 써먹어서 성공한 방식이라고 해서 계속 고집해서는 안 되며, 적당한 시점에 멈추고 다른 방식을 생각할 줄 알아야 한다는 것이다. 보통 사람으로서는 쉽지 않은 일이다. 내 마음에 귀를 기울이고 살면 간판이나 학력, 그리고 자본이나 주변의 지원 등 소위 말하는 성공의 조건이 별로 중요하지 않게 된다. 오히려 내 삶에 더 큰 영향을 끼치는 건 '마음 자세'다. 특히 힘들고 어려운 순간을 맞닥뜨릴 때 탄력성에 기반한 도전적인 용기와 할 수 있다는 긍정적인 마음가짐은 큰 도움이 된다. 물론 이런 생각이 비현실적인 낙관주의라고 비난하는 사람도 있겠지만, 조그만 역경에도 비관적으로 절망하는 것보다는 훨씬 낫지 않을까?

나는 지금 절벽으로 밀어뜨려야 할 암소를 지니고 있지 않은가? 내 삶이 의존하고 있는 안락하고 익숙한 것, 그래서 더 나아가지 못하게 나를 붙잡는 것은 없는가? 질문은 그 자체로 삶의 방향을 제시하고 기술을 개발할 수 있도록 도와줄 것이다. 퇴직자들은 과거에 익숙하고 집착하는 생명수와 같이 여기는 암소와 과감하게 작별해야 한다. 현재에 기반하고 아직도 많은 세월이 남은 미래를 설계해야 한다. 한

정되고 집착하는 마음을 깨뜨려야 삶에서 선택할 수 있는 폭이 넓어지고 더 자유로워 방향으로 합리적인 마음속의 의지가 생길 수 있다. 그래야 활발한 활동으로 행복한 생활과 보람된 삶을 확보할 수 있다.

< 관제탑 >
사고와 행동은 마음에 순종한다

내가 현재 타고 다니는 차는 2008년식이다. 약 2년 전의 일이다. 차가 유턴을 하다가 차가 멈추는 바람에 곤욕을 치렀다. 처음 겪는 일이라 매우 당황스러웠다. 우선 비상등을 켜고 차 안에서 보험 회사로 전화했다. 내 생각에는 퇴근 시간이 다가오는지라 복잡할 수 있기에 빨리 차를 견인하는 게 우선이라고 판단했다.

그런데 통화를 시도하던 중에 지나가던 어떤 이는 차 밖으로 나와서 차가 고장 났다는 수신호를 보내어 차의 흐름을 원활히 하는 게 우선이라고 야단을 친다. 다행히 견인차가 빠르게 도착하여 수습되어 교통에 문제를 일으키지는 않았다.

고장 난 내 차는 내 동의를 얻어 견인차 운전자가 연락해 둔 가까운 정비소로 가서 수리를 받았다. 다른 정비소는 대부분 문을 닫은 시간이었다. 차 정비를 하였으나 이후에도 차를 운전하면 이상한 소리가 났다. 나는 자동차에 대한 지식이 없어 신뢰할 수 있는 곳이라 생각하고 국내 굴지의 차량 제조사 서비스센터로 갔다. 이전에 발생한 차량 견인 사례를 이야기했다. 그러자 서비스센터에서는 수리한 정비소 업체를 비난하는 듯한 말을 했다. 그리고 내 차를 완전히 분해하고 조사하더니 엔진에 문제가 있다며 교체를 요구했다. 견적서 금액이 상당하였고 그 과정에 사장의 언행이 신뢰를 주지 못하는 부분도 있었으나 수리를 했다. 하지만 어딘가 마음이 편치 않았다. 이전에 정비업소에 대한 부정적인 소문을 듣기는 했지만, 시대 흐름에 따라 바뀌었다고 생각했다.

　최근 자동차 계기판에 경고등이 켜졌다. 이번에는 마음이 내 사고와 행동을 바꾸었다. 집 주변에 있는 정비업체를 조사했다. 사장님의 개인 이름을 걸고 운영하는 정비업소를 찾아 방문했다. 내 마음을 알았는지 사장님은 친절하고 솔직한 분으로 느껴졌다. 사장님 차량도 최근에 비슷한 경고등이 떠서 무상 수리를 받았다며 제조사 서비스센터로 가보라는 것이었다. 전화로 차량 점검을 예약했다. 문득 좋은 정보를 준 사장님이 생각났다. 다음날 정보를 제공한 사장님을 찾아가서 엔진오일 등을 교체하고 감사함을 표했다. 향후 고정

거래처로 방문도 약속했다. 사고와 행동은 마음에서 출발한다는 사실을 경험했다.

같은 사건에 해석은 여러 갈래

인생을 살면서 단 한 사람에게라도 내가 정말 중요한 도움을 줄 수 있다면 그보다 더 의미 있는 삶이 어디 있겠는가. 실제로 우리는 남을 도와줄 때 더 큰 안정감과 행복감을 느끼고 더 건강해진다. 중년 고혈압 환자들의 경우, 다른 사람에게 도움을 주라는 과제를 실행했을 때 혈압이 떨어지고 전반적으로 더 건강해진다는 연구 결과도 있다. 그뿐만 아니라 다른 감정과는 비교할 수 없는 보람과 만족, 또 그로 인해 내 삶의 의미가 더 충만해지는 느낌을 알 수 있다.

도움을 주는 사람이 생각할 때는 사소한 일처럼 느끼지만, 상대방에게는 커다란 의미가 있음을 나의 자동차 수리 경험을 통해 알 수 있었다.

마음의 소리 듣기 훈련

마음이 중요하다는 사실을 안다. 내 마음에 관심을 두고 마음의 소리를 듣는 일에도 훈련이 필요하다. 특히 우리나라 아이들은 자기 안의 소리를 듣고 표현하는 것을 장려하는 분위기 속에서 성장하지 않아 더욱 이런 훈련이 필요하다. 한 가지 방법을 소개한다. 바쁜 일상을 잠시 중단시켜 놓고 소음이 적고 다른 사람들의 목소리가 들리지 않는 조용한 곳으로 간다. 눈을 감고 가슴에 손을 얹어 차분하게 심호흡을 한다.

마음이 고요해졌을 때 내게 주어진 선택의 길들을 하나하나 마음속에 그려본다. '이쪽을 선택하면 어떨까. 아니면 저쪽을 해보는 건 어떨까.' 상상해보며 내 마음의 소리를 느낀다. 무엇을 선택할 때 마음이 설레고 내 미래가 어떤지, 또 무엇을 떠 올릴 때 가슴이 갑갑해지고 우울한 느낌이 밀려오는지. 이는 실로 직감의 영역이라 손익을 따지지 않고 머리를 끈 채 마음을 여는 과정이다. 눈을 감고 가슴에 얹은 손을 통해 내 진심을 느껴보는 것이다.

이성적으로 상황을 면밀하게 살펴보면 언제나 좋은 점과 나쁜 점은 공존하기 마련이다. 그런데 안타깝게도 우리의 사고는 긍정적이기보다 부정적으로 고착되기 쉽다. 좋은 일보다는 나쁜 일이 일어났을 때 더 강렬한 감정을 느끼고, 더 오래 기억되기 때문이다.

우리의 뇌와 몸은 부정적인 것을 더 깊고 강하게, 오랫동안 느낀다. 실제로 떡 하나를 훔쳐 간 사람에 대한 분노는 쉽게 잊지 못하지만, 나에게 떡 하나를 더 준 사람에 대한 고마움은 빠르게 잊는다. 그러니 일부러라도 긍정적인 감사의 마음을 되새기고 자꾸 떠올릴 수 있도록 스스로 훈련하는 일이 중요하다. 오늘 내가 할 수 있는 만큼 진실하고 참되게 살았다고, 오늘 하루 최선을 다해 의미 있게 살았다고, 그렇게 작지만 기쁘고 감사했던 기억을 떠올리면서 스스로 칭찬해주고 위로해주는 연습을 해야 한다. 마음의 짐을 안은 채로는 앞으로 나아갈 수 없다. 그 짐을 내려놓으면 당신의 마음은 훨씬 가벼워질 수 있다.

문제가 발생하면 대상에 대하여 아무것도 모르면서 그냥 마음이 거부하는 경우는 심각하게 고려해야 한다. 어떤 사람은 이미 굳게 믿고 있는 내용과 충돌하지 않도록 새로운 것을 계속하여 막으면서 일을 처리한다. 반면에 어떤 사람은 한순간에 마음을 개방한다. 그리고 그런 순간은 어디서나 일어난다. 강의를 듣다가, 책을 읽다가, 친구와 대화를 나누다가 심지어 낯선 사람을 만나다가도 그런 순간이 찾아온다. 마음을 열었기 때문에 장소와 시간에 상관없이 여러 상황이 자주 발생한다. 새로운 것을 맞이해야 해결책을 고민하고 찾을 수 있다. 마음을 열면, 전에는 흐릿하던 것을 이해할 기회도 생긴다.

인간은 머리로 생각하고 행동한다. 이 생각과 행동을 다스리는 관제탑은 마음이다. 그래서 어떤 마음 자세를 가지고 있는가는 매우 중요하다.

< 긍정심 >
마음과 호흡의 조화로
건강한 삶을 유지하라

반려동물 인구가 1,000만 명이나 된다는 통계는 단순 추정치에 가깝다고 한다. 반려동물을 기르는 가구의 수는 매년 농림축산식품부가 진행하는 〈동물보호에 대한 국민의식조사〉를 통해 집계된다. 2019년도 조사 표본은 겨우 5,000명이었다. 이 조사 결과를 전국의 가구수로 다시 환산해 반려동물 인구를 대략적으로 추정했다고 한다.

요즘 반려동물을 길거리에서 흔히 볼 수 있다. 내가 길거리에서 목격한 강아지와 관련한 동행 형태를 이야기하고자 한다. 첫째, 개 주인과 강아지가 적당한 거리를 유지하며 평화롭게 다닌다. 둘째, 개 주인은 앞으로 가려고 하는데 강아지는 뒷걸음을 치면서 거부한다.

셋째, 강아지가 앞으로 달려가고 개 주인이 줄에 이끌려 간다. 어느 날 시내에서 눈에 띄는 광경을 목격했는데, 강아지는 앞으로 달려가며 허공을 향하여 계속 짖었다. 강아지 주인은 힘으로서 버티며 자신만의 페이스를 유지하며 가고 있었다. 당연히 강아지의 목줄이 팽팽하게 당겨졌다.

무슨 사연이 있는지 몰라도 옆에서 바라보는 사람으로서 보기 좋은 장면은 아니었다. 또 다른 특이한 장면이 있었다. 길을 걷던 강아지가 잠시 멈춘다. 그리고 잠시 호흡을 고른 뒤에 다시 걷기 시작한다. 주인도 강아지 행동에 맞추어 간격을 유지했다. 아름다운 모습으로 느껴졌으나, 그 같은 행동의 깊은 뜻을 알지 못했다.

나는 강아지와 짧은 두 번의 인연이 있었다. 과거 단독 주택에 거주할 때 어머니께서 강아지를 마당에 기른 적이 두 번 있다. 그런데 두 번 모두 강아지를 마지막에 잃어버렸다. 상업을 목적으로 하는 전문 꾼들이 데리고 간 듯하다. 나는 강아지와 친밀하지 못했고 기간도 오래되지 않아 강아지에 관한 속성을 잘 알지 못한다. 그래서 왜 강아지가 가다가 쉬고를 반복하는지 몰랐다. 당나귀의 걸음에 관한 아래의 글을 읽고서야 그 이유를 알 수 있었다.

서둘러서 무언가를 생각해야 할 때는 사고의 교차점에서 충돌을 피하기 위한 신호등이 필요하다. 15분 간격으로 머릿속의 신호등을 켜라. 그리고 1분이라도 좋으니 눈을 감자. 이와 같은 습관을 무언가 생각할 때마다 들여라. 당신은 훌륭한 말, 혹은 현명한 당나귀가 걷는 모습을 본 적이 있는가? 그들은 실제로 자주 걸음을 멈춘다. 그리고 자신의 호흡이 평상시대로 돌아올 때까지 발을 내딛지 않는다. 당신이 이것을 실천하지 않는다면 당나귀만큼의 건강도 유지할 수 없다는 것이다. 동물들끼리는 통했고 사람들은 미처 몰랐을 수 있다.

동물들은 안정한 상태를 중요하게 여기고 정상화를 위해 노력한다. 사람들도 마음이 안정되지 못하면 정상적인 사고와 판단을 하기 어렵다. 여러 가지 문제를 일으킬 수 있기에 호흡을 가다듬어 마음을 정상적인 상태로 회복하는 것이 중요하다.

당신의 몫은 전부가 아닌 절반이다

마음 바꾸기와 마음속의 자기 몫에 관하여 이야기하고자 한다. 지나치게 참으면 마음이 무너지고 만다. 그렇다고 지금 다니는 회사가 싫으면 그만두라는 말은 아니다. 자신을 바꾸지 않고 갑자기 환경만 바꾸면 그 역효과는 눈덩이처럼 커져서 돌아온다. 바꾸어야 할 대상이 무엇인지를 분명히 알아야 한다. 또 해결 방법은 근본적이어야 한다. 일시적인 해결 방법으로는 당장 해결이 된 것처럼 보이나, 언젠가 다시 문제로 대두되어 좌절하게 된다.

그렇기에 근본적인 해결 대상은 자신의 마음이다. 힘든 상황일수록 지금 순간을 즐겨야 한다. 원하는 것을 얻지 못하면 불행해진다는 생각에는 약간의 오해가 있다. '버려야 얻는다'라는 말을 들어본 적이 있는가? 뭔가를 얻고자 하면 먼저 버리라는 뜻이다. 원하는 것을 얻기 위해 할 수 있는 일은 딱 '절반' 임을 명심하자. 즉 당신은 당신의 몫인 절반만 위해 최선을 다하고 나머지 절반은 상대의 문제로 여기면 된다.

'밴드왜건 효과'라는 게 있다. 자신만의 신념이 있는데도 불구하고 다른 사람들이 한다고 해서 자신의 신념을 무시하고, 다른 사람들이 하는 그것을 따라 하는 심리 현상이다. 좋은 것이기 때문에 대중이 한다는 믿음, 그들을 따라 하면 최소한 손해는 보지 않을 것이라는 막연하고 근거 없는 믿음이다. '밴드왜건'은 음악 하는 사람들이 미국 곳곳에 연주하러 다닐 때 타던 마차를 말한다. 신념이 없는 경우에는 하지 않으면 된다. 차라리 목표를 낮춰 사소한 성공을 늘리자, 사소한 성공이 모이면 삶이 더욱 순조로워지며 자신감도 더욱 향상될 것이다. 원하는 것을 얻기 위해 무리하지 않고 당신이 해야 할 몫이 어느 정도인지 파악하는 과정이 필요한 것이다.

인간의 능력은 마음의 영향이 크다

마라톤에는 '마의 벽'이라는 것이 있다. 인간의 신체적 한계로 인해 깨지기 어려운 기록이 있다는 의미이다. 그렇지만 한 선수가 깨고 나면 사방에서 그 기록을 깨는 선수들이 등장한다. 1908년 런던 올림픽에서 미국의 헤이즈 선수가 2시간 55분 18초 기록을 세우자 사람들은 2시간 30분을 마의 벽으로 생각했다. 그 이후 마의 벽이라고 생각했던 기록을 깨는 선수가 나오면 그 벽을 넘는 선수들이 또 등장했다.

케냐의 킵초게 선수는 2018년 독일 베를린 국제 마라톤에서 2시간 1분 39초로 세계 신기록을 세웠다. 그는 2019년 10월 오스트리아에서 열린 대회에서 1시간 59분 40초로 마라톤 2시간의 벽을 깼다. 바람의 저항을 줄여서 기록 단축하기 위해 7명의 페이스메이커를 교체하는 등 총 41명이 동원되었다.

페이스메이커 운영 등이 국제육상경기연맹 규정에 맞지 않아 공식적인 기록으로 인정받지는 못했지만, 킵초게는 "인간에게 불가능한 게 없다는 걸 알리게 되어서 기쁘다."라는 소감을 밝혔다. 마라톤을 할 때 마의 벽은 신체적인 한계라기보다는 마음의 벽이라는 셈이다.

유심소작(有心所作)은 세상만사가 다 나의 마음에 달려있다는 뜻이다. 내 마음은 모든 것을 밝게 할 수도 있고 어둡게 할 수도 있으며, 주위 사람들에게 기쁨을 줄 수도 또는 슬픔을 줄 수도 있다. 그래서 옛 성인들은 공부 중에서 가장 어려운 공부를 마음공부라 하였다. 모든 일의 성패는 마음에서 먼저 결정되고, 마음에 따라 나의 행동도 변화되므로 어떠한 상황에서든 마음이 결과를 만든다.

< 소통 >
협력은 성장을 위한 최상의 길이다

혼자라는 울타리에서 벗어나서 소통과 협력이 절실히 필요했던 지인 이야기를 하려고 한다.

지인은 시골의 어려운 가정 7남매 중 6번째로 태어났다. 가정 형편이 어려워 일찍 생활전선에 뛰어들어야 해서 큰형님의 권유로 실업계 고등학교에 진학했다. 둘째 형님이 금융기관에 취업했고 본인도 성향에는 적합하지 않으나 은행에 도전하여 합격했다. 중요한 업무는 선배들이 차지하고 신입인 지인은 단순하고 반복적인 업무를 담당하다 보니 일에 대한 흥미를 더욱 잃었다. 취업한 후 약 11개월 만에 사직서를 제출하고 나왔다.

고등학교 시절에도 영어에 관심이 많아 영어 공부에 상당한 시간을 할애했다. 그는 언어 분야, 특히 영어에 집중하여 인생을 걸어야겠다고 목표를 세웠다. 막상 직장을 그만두고 밖으로 나와보니 함께 고민하고 의논해야 할 친구들은 대학에 재학 중이거나 이미 재수 중이라 시간적 여유가 없어 만나기가 어려운 실정이었다. 그로 인하여 한 해 정도를 허송세월로 보내고 다음 해에 대학교 영문학과를 입학했다.

거주할 집이 없어 휴학하는 등 우여곡절 끝에 대학교를 졸업했다. 취직을 위해 시험을 보았고 필기시험에는 거침없이 합격했었다. 회사원으로서 인생을 연상해 보니 삶의 재미도 없고 의미가 없을 것 같아 입사를 포기했다. '오로지 영어'라는 신념이 지인의 마음속 깊이 자리 잡고 있어 도무지 다른 생각이 침범할 여지가 없었다. 1991년 주변의 도움으로 대학교에서 정규수업은 아니고 영어 강좌를 개설할 수 있었다. 홍보도 하면서 학생을 모집하는 과정이 쉽지 않았고 돈도 되지 않았지만 좋아하는 일이라 지속할 수 있었다. 한 곳의 대학교에서는 약 8년간 이러한 경험을 할 수 있었다. 또 그 과정에 일본어에 대한 욕심이 생겨 틈틈이 공부했다.

토익은 최고 980점, JPT(일본어능력시험)는 최고 850점이라는 높은 단계에까지 올라갔다. 이러한 증명서를 가지고 영어 과외도 해보고 교습소도 운영해 보았지만 변변한 성과를 거두지 못하고 중도에 접었다. 이후에는 약 3년간 번역사를 위해 배우는 열정도 보였다. 이 또한 수요가 없어 포기했다. 1991년부터 시작된 영어 관련 사업적 시도는 고생만 하고 실적이 거의 없는 등 좌절감만 남고 생활의 활력을 잃었다. 오로지 혼자만의 노력과 시도를 해보았으나 결과는 비참했다.

최근 마지막으로 본인의 재능이자 무기인 영어와 일어를 활용한 유튜브를 준비하고 있다고 한다. 지인은 은행원으로 근무할 때 잠깐 나와 같은 근무지에서 지냈고, 이후 두 차례 정도 안부 전화를 했다. 최근 내가 책을 쓰면서 연관성이 있을 것 같아 점심을 함께하면서 지인에 대한 자세한 내용을 들었다. 혼자만의 힘으로 세상을 살아가기는 힘들기에 세상 밖으로 나와서 주변 사람들과 소통하면서 협력을 구하면, 현명한 결정과 판단을 할 수 있다고 조언했다. 지금까지 혼자서 처리하던 습관이 고치기 쉽지 않을 것이다. 그러나 지금은 마지막이라는 생각으로 유튜브를 준비하고 있기에 주변의 도움과 조언을 들으며 최선을 다하리라 생각한다.

시시덕이는 답을 주변에서 쉽게 찾았다

우리나라 속담에 "시시덕이는 재를 넘지만, 새침데기는 골로 빠진다."라는 말이 있다. 참견 잘하고 떠벌이기 좋아하는 시시덕이는 어디를 가서 누구를 만나더라도 술술 얘기하고 이것저것 주워듣는 것도 많다. 그런 사람은 어려운 상황을 만나도 그것을 이겨내고 정확하게 목적지에 도달할 수 있다. 여러 사람의 의견을 듣고 종합하는 일종의 개방시스템을 가동하기 때문이다. 그에 비해 새침데기는 이해타산이 빠르고 꼼꼼한 것 같지만 흔히 말하는 책상물림이다. 다른 사람과 의견을 주고받지 않고 혼자 머릿속에서 생각하고 혼자 판단해서 혼자 결정하는 사람이다. 그런 사람들은 어려운 상황을 만나면 혼자서 결정해야 하는 성격 때문에 어려운 상황을 만나면 헤쳐나가지 못한다.

영어에서 백치, 얼간이를 뜻하는 '이디어트(idiot)'는 원래 그리스어로 '이디오테스(idiotes)'에서 유래한 말이다. 아놀드 토인비에 따르면, 이디오테스는 '자기의 재능을 일반의 복지를 위한 일에 쓰지 않고 자기 혼자만을 위해서 사용하는 사회적 죄악을 저지른 뛰어난 개인'을 뜻하는 말이라고 했다. 지성과 인격을 갖춘 인간은 공동체를 통해 생겨난다. 다른 인간들과 떨어져서 혼자 살아가는 사람은 원래의 유전자가 아무리 뛰어나더라도 백치, 얼간이가 될 수밖에 없다는 의미이다. 사람은 사회적 동물이기에 타인과 상호 소통하고 협력하여야 세상을 수월하게 살아갈 수 있다. 또 아무리 뛰어난 사람이라도 혼자서는 문제 해결에 한계점을 보이는 바보에 지나지 않고, 자기 자신만을 위한 사람은 사회에 죄악을 짓는다는 것이다.

"내가 나만을 위해 일했을 때는 나를 위해 열심히 일한 사람은 나 혼자뿐이지만, 내가 생각을 바꿔 모두를 위해 일하게 되었을 때는 모든 사람이 나를 위해 열심히 일해 주었다." 미국의 초대 정치인 벤저민 프랭클린이 했던 말이다. 다른 사람을 위한 나의 노력은 배신하지 않고 반드시 돌아온다는 의미이다. 나보다는 우리를 위해 일하면 더욱 효과가 있다.

빈틈, 웃음, 침묵을 상대에게 보여라

뭔가 유쾌하지 못한 것을 말해야 할 때는 천천히 친절한 태도로 말하라. 낮은 목소리만큼 상대를 움찔하게 만드는 것은 없다. 억누른 목소리는 꽉 쥔 주먹보다 효과적이다. 적에게 영리해 보이도록 행동해서는 안 된다. 당신이 빈틈없어 보일수록 상대의 공격은 위험한 수준에 도달하게 된다. 표범은 궁지에 몰리면 입을 짝 벌리며 몸을 늘어뜨린다. 긴박한 상황일수록 안정적인 자세만큼 강력한 것은 없다.

곤란에 처해 있을 때는 자신을 돌아보고 웃어보라. 웃음은 이 세상에서 가장 강력한 무기이다. 상대가 웃을 때까지 웃어라.

자신이 화가 나 있을 때는 번거로운 일을 처리하려 하지 말라. 골칫거리가 겉으로 드러날 때까지 그대로 방치 상태로 두어라. 아들의 장난에 밟혀 발가락이 아프더라도 밝은 면은 있는 것이다. 침묵과 꼼짝도 하지 않은 채 기다리는 것. 이 두 가지 작전이 기적을 일으킨다. 진공의 상태가 바람보다 강하다. 이 방법을 이용하면 번거로운 상대를 좇아버릴 수 있다. 다시 말해 번거로운 상대에게 또 다른 번거로움으로 상대하는 것이다. 자신의 감정 상태가 좋지 않을 때는 일을 그르치기 쉬워서 상대가 스스로 혼란스러워서 오히려 실수를 유발하게끔 유도하라는 뜻으로 일리가 있다.

내 목적이 순수하고 정당하다고 하여도 사회적 관계는 중요하다. 따라서 대화를 하는 과정에서 상대방에게 나의 이미지를 나쁘게 하고 불편한 관계를 형성할 필요는 없다. 좋은 관계일 때 당신은 그를 좋은 사람이라고 하고, 나쁜 관계일 때는 그를 나쁜 사람이라고 한다. 이처럼 우리는 관계로 의하여 생긴 인식을 사실로 받아들여 왔다.
사이가 좋지 않아도, 싫어하더라도, 다소 험담을 하더라도 싸우지 않는다면 그 자체로 충분히 합격이다. 만약 누군가를 대하기가 꺼려진다면 그게 가족이나 연인이라 하더라도 접하는 시간을 일단 줄이자. 그리고 호감이 가는 사람들과의 인간관계 비중을 늘려 몸과 마음이 어떻게 반응하는지 차분히 느껴보자. 그러면 더욱 건강하고 성숙한 자신을 발견하게 될 것이다. 소통과 협력으로 사회에 적응하는 나를 만들어가자.

< 시간의 함정 >
'숫자'로 논하는 습관을 버려라

은행은 고객으로 받은 예금과 그것을 바탕으로 운용하는 대출과의 이자율 차이를 주 수익원으로 한다. 지금은 자금 운용 분야가 다양하게 분포되어 있다. 그러나 내가 활발한 은행원 생활을 할 시기에는 일반적인 대출이 대부분이었다. 한편 기간산업. 즉, 도로, 항만 등 경제발전을 이루는데 기반이 되는 산업은 사업 규모가 크고 거액의 투자가 필요하다. 그래서 민간에서 참여하기 곤란하기에 국가 또는 지방자치단체가 대체로 시행했다.

그러다 국가에서도 재정적인 한계가 있어 민간에게 유인책을 제공하고 참여를 유도해야 할 시점이 도래했다. 이러한 민간참여에는 사실 국내 금융기관들이 주 고객이 될 수밖에 없는 실정이었다. 내가 이러한 업무를 우연히 담당하게 되었다. 사업 참여 여부는 수익성과 안정성이었다. 기간산업에 자금을 지원하여 적정한 이익이 발생하고 대출금을 원활하게 회수할 수 있느냐가 핵심이었다. 게다가 대출 기간이 길어서 장기적인 측면에서 두 가지가 확보될 수 있는지를 잘 파악해야만 했다. 이 업무를 오랜 기간에 걸쳐 수행하다 보니 어느새 나는 수익성 측면에 익숙하게 되었다.

어느 날 은행에서 희망자를 대상으로 휴일에 산을 갔다. 우연히 우리 부서의 담당 임원과 함께 산길을 걸었다. 임원께서 낙엽 이야기를 하셨다. 말을 마치고 내가 말을 이었다. 낙엽에도 사용가치가 있는 낙엽이 있고, 도심의 길가에 떨어져 있는 낙엽처럼 자동차의 배기가스에 오염되어 가치도 없는 낙엽도 있다고 했다.

임원께서는 나를 보고 "수익개념에서 늘 생각하는 것 같네."라고 말씀하셨다. 업무적으로 칭찬을 하는 것 같은데 왠지 내가 너무 이쪽으로 치우쳐 있는 것 같아서 내심 뜨끔함을 느꼈다. 퇴직 이후 나는 수익에 대한 사고를 멀리하려고 마음을 다지고 있다. 마음에 금전을 품고 있다면 공동체를 위한 봉사활동이 어렵기 때문이다.

세월이 갈수록 삶의 의미와 가치를 찾는다

비록 말로 표현되지는 않더라도 매일의 생활 속에서 개인의 삶의 의미와 존재 가치에 대한 마음속 질문은 되풀이되고 있다. 특히 은퇴한 사람들의 삶에서는 더욱 그렇다. 우리의 존재는 흔히 직업으로 정의되는 경향이 있어 은퇴 후 직업이 없다는 사실은 존재 자체를 흔들어 버린다. 우리를 묶어두고 있던 뭔가가 이제는 없기에 존재 자체가 위기에 처하게 되고, 아직 '생산적인' 활동을 하는 사람들과는 자연스럽게 멀어지는 것을 경험하게 될 것이다.

그나마 가족관계를 유지한다. 하지만 결국 정신적으로나 육체적으로 소진되어 가족들에게도 부담을 느끼게 된다. 누구도 이런 비참한 노후를 보내고 싶지는 않을 것이다. 그러려면 우리에겐 준비가 필요하다. 전문가들이 흔히 지적하듯이 행복한 노후를 위해서는 돈과 친구와 건강이 필요하고 주장한다. 하지만 그보다 더 필요한 것은 '이것이 내가 살아가는 이유이며 의미다.'라고 말할 만한 그 무엇이다.

삶의 의미와 존재가치를 마련하지 못한 상태에서 맞이하는 노후는 정서적인 불안과 외풍에 쉽게 흔들릴 수 있다. 단지 소비하기 위해서 사는 일은 너무 허무할 것이다. 우리에게는 단지 즐기기 위한 수단이나 먹고살기 위한 수단이 아닌, 보람과 희열을 느낄 수 있는 어떤 일이 필요하다. 매 순간 삶의 의미를 실현하고자 애쓰며 그 속에서 행복을 발견할 수 있다면 그것만으로도 대단히 성공적인 삶이라고 생각한다.

삶을 가볍게 하고 자주 뒤집어 보아라

사람도 나무처럼 잎을 떨군다. 늦가을이 되면 나무는 바람의 도움을 받아 가지를 흔들어서 수분이 빠진 잎을 지상으로 떨어트린다. 스스로 무게를 가볍게 해서 에너지 소모를 줄이고 추운 겨울을 수월하게 나기 위함이다. 때때로 낙엽을 떨궈야 하는 건 사람도 마찬가지다. 찬바람과 함께 삶의 겨울이 밀려온다고 판단되면 마음 끝에 매달린 과거에 대한 미련과 후회를 털어내야만 한다. 그래야 시간의 무게를 견디고 겨울을 통과해서 다가오는 봄을 기약할 수 있다. 삶도 가벼워져야 하니 불필요한 감정 등은 버려야 한다.

김 양식장의 풍경을 살펴보자. 양식 방법에 따라 다소 차이가 있기는 하지만 물속에 잠긴 김발을 하루에도 몇 번씩 들어 올려서 뒤집어줘야 한다. 그래야 김이 햇볕을 고르게 쬐고 잘 자란다고 한다. 안과 겉을 수시로 뒤바꾸거나 위와 아래의 방향을 달리하면서 균형을 맞춰야 하는 일들이 참으로 많다. 고기와 생선을 구울 때도 적절히 뒤집지 않으면 어느 한쪽만 익고 다른 한쪽이 설익어 제대로 맛을 음미할 수 없다. 음식만 그런 것이 아니다. 우리가 삶을 영위하는 과정에서 품는 희망과 포부 또한 가끔은 거꾸로 뒤엎어서 다른 관점으로 살피지 않으면 한쪽으로 치우치거나 매몰되기 쉽다. 무언가를 잘 길러내려면 그것의 정면과 상부만 응시할 것이 아니라, 뒤쪽 혹은 아래쪽으로 짙게 드리워지는 음영까지도 꼼꼼히 살펴보아야 한다. 김을 양식하듯이 살아가면서 때때로 굳어지지 않도록 일상을 뒤집을 필요가 있다.

50대부터는 숫자로 환산되는 일의 가치 말고도 '눈에 보이지 않는 보수'에 주목할 필요가 있다. 눈에 보이지 않은 보수란 무엇일까? 무엇보다 '일 자체'가 하나의 보수다. 그 일과 만난 기쁨, 그리고 그 일을 통해 성장한 나 자신에게 초점을 맞춰보자.

또 손해를 택할 수 있다는 것은 마음에 여유가 있다는 의미다. 반대로 불안한 사람일수록 손익 계산에 몰두한다. 자신의 손익을 초월해 사회를, 다음 세대를 생각하는 관점에서 행동하는 사람들이 좋은 결실을 맞이하는 모습을 수없이 지켜보았다. 우리의 삶은 마지막에는 넉넉하게 가야 한다. 시간도 넉넉하고 돈도 넉넉해야 하지만 더 중요한 것은 넉넉한 마음이다. 거기다 지혜까지 가질 수 있으면 참 좋겠다.

04

인생을 바꾸는 힘 '뉴셋'

< 새로움 >
당신은 꼰대인가? 멘토인가?

'꼰대'는 본래 아버지나 교사 등 나이가 든 사람을 가리켜 학생이나 청소년들이 쓰던 은어였으나, 근래에는 자기의 구태의연한 사고방식을 타인에게 강요하는 이른바 꼰대질하는 직장 상사나 나이 든 사람을 가리키는 말로 변형된 단어이다. 영국 BBC는 '꼰대(kkondae)'를 '오늘의 단어'로 소개하면서 자신은 항상 옳고 남은 그르다고 주장하는 나이 든 사람이라고 했다.

요즘 유행하는 '나 때는 말이야'는 내 생각을 다른 사람에게 일방적으로 전할 때 쓰인다. 옛날이나 지금이나 이른바 '꼰대질'은 변함이 없는 듯하다. 기원전 1700년경 메소포타미아문명을 일으킨 수메르족의 점토판에도 잔소리가 빼곡히 나열돼 있다. '제발 철 좀 들어라, 왜 그렇게 버릇이 없느냐', '왜 선생님을 존경하지 않느냐' 등. 나이 든 이가 볼 때 젊은이는 미성숙해 보이니 불안할 터이고, 젊은이가 볼 때 나이 든 사람은 일방적으로 자기주장만 하는 게 마땅찮을 테다. 어느 시대, 어느 지역에서나 세대 차이는 어쩔 수 없나 보다.

현대사회는 신꼰대가 등장할 수 있다

세상은 그야말로 빛의 속도로 빠르게 바뀌고 있다. 중, 장년도 변화 속도를 따라가기 어려울 정도이니 노년 계층은 '석기시대 인간' 취급을 받기 쉽다. 하지만 나이가 들었다고 무조건 꼰대로 치부하는 게 과연 옳은 일인지는 곱씹어 볼 문제라는 생각이다. 일흔이 넘은 배우 윤여정씨는 아카데미 조연상을 수상하면서 솔직하고 거침없는 말솜씨와 패션으로 젊은이들의 롤모델로 떠올랐다.

나이가 많다고 꼰대가 아니라는 걸, 노력 여하에 따라 꼰대가 아니라 존경받고 싶은 어른으로 대접을 받을 수 있다는 걸 보여준 사례다. 100세 인생의 롤모델 김형석 교수가 꼰대 소리를 듣지 않는 것도 잘못은 꾸짖고 잘하는 건 칭찬하면서 용기와 희망의 메시지를 전하는 어른이기 때문이다.

현대사회의 네 가지 특징인 '변동성(Volatility)', '불확실성(Uncertainty)', '복잡성(Complexity)', '모호성(Ambiguity)'을 간단히 뷰카(VUCA)라고 한다. 첫째는 변동성과 관련된 경험의 무가치화다. 과거의 경험에 의존하는 사람은 인재로서의 가치가 급속히 하락하는 반면, 새로운 환경에서 유연하게 배우는 사람은 가치를 창출해 낸다. 둘째는 불확실성과 관련된 예측의 무가치화다. 사회가 불안정하고 불확실해질수록 예측의 가치는 점점 더 감소한다. 앞으로는 우선 시도부터 하고 결과를 지켜보면서 미세하게 수정을 거듭하는 방법이 효과적이다. 변화하는 환경에 맞춰 유연하게 적응해 나가는 것이다. 셋째는 복잡성 및 모호성과 관련된 최적화의 무가치화다. 뷰카화 된 세계에서는 환경이 지속적으로 변화하기 때문에 어느 시점, 어느 환경에 뛰어나게 최적화된다고 해도 어차피 다음 순간에는 또다시 시대에 뒤처지고 만다.

변화해가는 환경에 얼마나 탄력적으로 대처하느냐 하는 유연성이 더욱 중요해진다. 기성세대가 불리한 상황은 맞다. 그러나 신세대라 하더라도 긴장하지 않을 수 없다. 뷰카에 적응하지 못하면 '신꼰대', 현대사회의 꼰대로 전락할 것이다.

명령형 타입의 언어보다 이유로 설득하자

우리 집에서 발생한 사건 중, 꼰대와 연관성이 있다고 생각되는 사건이다. '삼재'란 인간에게 9년 주기로 돌아온다는 3가지 재난을 의미한다. 동양철학에서 유래된 재앙명으로 십이지에 따른다. 특징은 삼재의 첫해를 입삼재(들삼재)라고 하며, 두 번째 해는 침삼재(눌삼재), 마지막 해를 출삼재(날삼재)라고 한다. 입삼재 때에는 가족이나 주변인이 화를 당하며, 침삼재 때에는 머무는 해라고 해서 매사에 시비곡직이 많다는 점이고, 마지막 해는 재물이나 명예가 훼손되어 나쁜 결과를 초래하는 재앙을 가져오기도 한다.

아내는 올해 나와 둘째 아들이 삼재에 해당한다며 걱정을 하며 사찰에 가서 삼재에 필요한 조언을 들었다. 준비물이 몇 가지가 있었다. 그중에 사경(불교 경전을 베껴 쓰는 의식)을 해야 하는 게 있는데 이것이 문제의 발단이었다. 아들은 갑자기 글을 쓰는 숙제를 제시하자 엄마에게 안 하겠다고 반기를 들었다. 아내는 아들에게 화가 나서 신경전을 벌였다. 급히 내가 사태수습에 나섰다. 나도 사경을 할 것이며 이모 집에는 다섯 사람 가족 전체가 해당자가 되어 사경을 해야 한다며 아들을 설득시켰다. 아내는 자녀를 위해 수고를 아끼지 않았는데 즉각적인 반발이 있으니 화가 날 수도 있다.

신세대들은 글쓰기를 꺼리는 특성이 있다. 그리고 사경을 해야 하는 이유를 설명하는 등 설득작업이 사전에 필요했다고 했다. 아들에게도 "엄마의 자녀에 대한 걱정과 수고를 생각한다면 즉각적인 반대보다는 먼저 이유를 물어보는 게 맞지 않을까?"라고 의견을 구하니 수긍했다.

나도 과거에는 수많은 오류를 범했다. '꼰대'라는 용어가 등장하고 난 후에 스스로 꼼꼼히 생각하고 꼰대에서 벗어나겠다고 노력하여 지금은 개선이 많이 된 듯하다.

각종 통계 자료에 따르면 기업은 점차 수명이 짧아지는 경향을 보인다. 미국에서 S&P 500 기업의 평균 수명은 1960년대에는 약 60년이었지만, 오늘날에는 20년도 채 되지 않는다. 이제는 사람들이 일하는 기간이 기업의 평균 수명보다 훨씬 긴 시대가 도래했다. 여기서 알 수 있는 게 있다. 우리는 평생 여러 번 직업을 바꿔야 한다는 것이다. '오직 한 길'이라든지 '열심히 일한다.'라는 생각을 별다른 비판 없이 칭찬하는 경향이 강하지만, 급속도로 변화를 거듭하는 세상에서 이런 가치관을 계속 고집하는 사고는 위험에 매우 취약하다. 과거는 지나갔다. 과거를 잊어버리고 새로운 사고로 시대를 맞이해야 한다. 현대사회는 '예측의 무가치화다'라고 언급했다. 예측이 아니라 구상하는 게 맞다. '미래가 어떻게 될까?'라는 질문 대신 '미래를 어떻게 하고 싶은가?'를 고민해야 한다. 또 우리를 둘러싼 환경의 변화는 대게 날씨처럼 자연적인 것이 아니라, 누군가가 앞서 움직이면서 일어난다는 사실을 기억해야 한다.

갑작스러운 변화로 모든 세대가 당황하고 있다. 그래서 세대 간의 갈등도 심한 시기이다. 자신의 경험과 기술을 주장하거나 고집할 게 아니라 냉정하게 현실을 바라보고 상대를 이해하려는 마음이 먼저 앞서야 한다. 기성세대의 장점과 신세대의 장점을 골라 접목한다면 아름답고 성숙해지는 사회가 될 것이다. 서로를 이해하려고 시도하고 대화를 통해 설득도 해보자.

< 마음근력 >
마음을 피트니스하라

'탈진 증후군'이란 과중한 업무로 몸과 마음이 완전히 녹초가 되어 버리는 현상이다. 학생들 가운데 생기가 없이 애늙은이처럼 축 처져 있는 학생을 꽤 본다. 능력에 넘치는 과중한 학업 부담이 큰 원인이다. 에너지 고갈을 나타내는 신호가 몇 가지 있다.

초기에는 웃음이 줄어든다. 평소 같으면 깔깔대고 웃을 일인데도 무덤덤하고 시큰둥하다. 피곤해하며 의욕이 줄어든다. 사람을 만나기 싫어한다. 아무 생각도 하기 싫고 정신이 멍하다. 더 심해지면 막다른 골목에 몰린 듯한 느낌이 든다. 몸에도 변화가 온다. 뚱뚱한 사람은 살이 더 찌고 마른 사람은 살이 더 빠진다. 즉 자신에게 좋지 않은 쪽으로 체형이 변한다. 머리카락도 많이 빠지고 잠을 자도 개

운치 않으며 아침에 힘들게 일어난다. 내 몸이요 내 마음인데 내 의지대로 추슬러지지 않는다. 건강도 나빠지고 마음도 황폐해진다. 마치 연료가 다 타버린 것처럼 우울한 상태에 빠지게 된다. 검사에서는 별 이상이 없는데도 여기저기가 아프고 늘 피곤하다. 마음에 문제가 생긴 것이다.

내부의 적, 부정적인 감정을 파악하라

부정적인 감정은 현재 상황을 내가 어떻게 받아들이고 반응할 것인지에 대한 일종의 신호다. 우리가 감정을 잘 다스리기 위해선 감정을 먼저 인식하는 훈련이 필요하다. 자신의 감정을 잘 알아차리는 습관은 자기의 생각, 의도, 행동을 파악하고 그에 대처하는 가장 빠른 길이 된다. 그리고 계속해서 마음속에 불편한 느낌이 들면 감정을 조절할 필요가 있다.

첫 번째 단계는 부정적 감정을 분류하여 명칭을 부여하는 것이다. 다음으로는 감정분류별로 상태의 정도에 따라 등급을 매기는 것이다. 감정이 느껴지지 않는 편안한 상태부터 자신이 겪었던 심한 감정 상태까지 자세하게 분류하는 것이다. 상대를 알아야 효과적인 처방이 가능한 이유이다.

오늘날 사람들 건강에 가장 영향력이 있고 만병의 원인으로 지목받고 있는 것은 단연 스트레스다. 그래서인지 스트레스가 건강과 기대 수명에 끼치는 위험에 관한 연구 결과는 항상 이목을 끈다. 그리고 스트레스가 기분을 우울하게 하고 인간관계를 방해하며 성장에 걸림돌이라는 사실 또한 알고 있을 것이다.

스트레스는 눈에 띄지 않게 형성되며 초기 단계에서는 기분을 좋아지게 하고, 때로는 일을 더 효과적으로 수행할 수 있게 하는 감각을 생성하기도 한다. 하지만 그 이후에는 이를 멈추게 하거나 되돌릴 수 없다.

스트레스가 과해지면 어떤 피드백도 들리지 않고, 자아를 성찰하기에는 너무 흥분해있거나 긴장된 상태가 되고 만다. 힘든 시기에는 당연히 스트레스에 더 취약할 수밖에 없다. 따라서 자신의 상태를 수시로 점검하고 더 많은 관심을 기울여야 한다. 스트레스 점검 방법을 찾아서 주변 사람들과 공유한다면 보다 빨리 알아차릴 수 있다. 우리들의 감정에 강한 영향을 미치는 스트레스 관리에도 관심을 가져야 한다.

마음 챙김의 긍정적 효과

힘겨운 시기를 겪고 있는 친구나 가족들에게는 아낌없는 위로와 용기를 보낸다. 하지만 정작 자기 자신을 들여다 보는 행위는 제멋대로이거나 이기적인 일로 생각하고 소홀히 한다. 자기 자신을 제대로 돌보지 않으면 다른 사람 역시 돌볼 수 없다는 점을 알아야 한다.

근래 들어 마음 챙김 또는 자가치유는 하나의 산업이 되었다. 자가치유는 매일 하는 명상부터 공원에서의 산책 또는 달리기, 만족스럽고 영양가 있는 음식을 먹는 일까지 모든 부분이 포함된다. 마음 챙김은 순간적이고 의도적으로 평안함과 안정감을 주기 위해 주의를 기울이는 빠르고도 쉬운 명상 기법 중 하나다. 이는 현존하는 모든 유형의 본질은 결국, 자신의 내부 또는 주변에서 일어나고 있는 일에 정신을 집중해야만 알 수 있다. 심리학 박사이자 〈아티스트 되기: 창의력을 통해 자신을 재창조하라〉의 저자인 엘렌 랭거는 마음 챙김 효과에 관해 다음과 같이 말했다.

"30년 이상 연구한 결과 마음 챙김이 비유적으로도, 그리고 문자 그대로도 활기를 불어넣어 준다는 사실을 밝혀냈다. 이는 열정이 샘솟을 때 느끼는 것과 같은 느낌이다."

고요하고 따뜻한 바다에 에어매트를 띄운 채 누워 있거나 조용한 수영장에서 튜브를 타고 둥둥 떠 있어 본 적이 있다면, 그 회복 효과에 대해 굳이 설명할 필요가 없을 것이다. 현재는 이런 활동들이 스트레스가 몸에 미치는 부정적인 생리적 영향을 감소시킨다는 사실이 과학적으로 증명되었다.

미국의 한 연구 프로젝트에 따르면 외부 소음으로부터 격리되고 조명은 적절하게 어두운 상태를 유지한 방이 있다. 그 방의 개별 수영장에 사해의 소금이 첨가된 물로 가득 채워져 있다면 수영장에서 둥둥 떠다니는 것만으로 스트레스 호르몬인 코르티솔이 21%나 감소한다고 한다.

〈공포의 해이가르〉라는 제목의 만화에서 주인공인 바이킹은 자신이 탄 배가 폭풍우 속에서 벼락을 맞아 좌초되자 신을 향해 외친다. "왜 하필 나입니까?" 돌아온 신의 대답. "왜 네가 아니어야 하느냐" '이런 일이 왜 하필이면 나에게 일어나지?'라는 말을 살아가면서 많이 듣고 해 왔다. 좋지 않은 일은 누구에게나 일어날 수 있다. 특히 좋지 않은 일이 생긴 후에 이제는 생기지 않을 거라며 스스로 위안했는데 좋지 않은 일이 또 발생할 수 있다. 만약에 좋지 않은 일이 계속해서 일어난다면 비관주의에 빠지기도 한다. 이럴 때가 마음의 근력을 강화할 시기다.

우리가 육체를 강화하기 위해 스트레칭, 유산소운동, 근육운동으로 단련한다. 마음도 같은 원리이다. 부정적인 감정을 해결하고 긍정적인 사고와 에너지로 자기 자신을 돌보는 방법으로 마음을 강화해야 한다. 마음의 힘이 자신의 삶을 지킨다는 중요한 사실을 인지하고 있어야 한다. 마음 피트니스는 습관이다. 자연스럽게 내부에 배야 한다. 자신에게 가장 힘이 되는 장면을 휴대 전화로 찍어 두기, 일기 쓰기, 자신에게 보상을 실행하는 방법도 마음 강화하는 수단으로 병행하면 좋겠다.

< 간절함 >
간절함에 대하여 얼마나 알까?

마틴 루터 킹 목사는 "목숨을 걸 만한 일을 발견하지 못한 사람은 살 자격이 없다."라고 했다. 꿈이 없다면 살아 있는 시체다. 몸은 살아 있되 정신은 이미 죽었다는 의미다. "나는 꿈이 없어요."라고 말하는 누군가도 반드시 꿈이 있다. 꿈을 발견하지 못했을 뿐이다. 지금 가진 것이 없어서 불행한 것이 아니라 희망이 없어서 불행한 것이다.

우리는 간절함을 꿈이라고 하며 조금 더 근사하게 욕구라고도 한다. 낯선 무언가에 도전하면서 우리는 심한 정체와 혼란을 겪는다. '내가 왜 이러고 있지? 내가 이렇게까지 해야 할 필요가 있을까?' 매일 매 순간 나를 시험에 들게 하는 정체 모를 변명도 어디선가 나타나 날 괴롭힌다. 이때 나는 다시 나에 대한 호기심이 발동한다. '내가 어디로 가고자 하는 거지?' 이러한 질문이 나의 욕구를 건드린다. 자신에 대한 계속되는 질문들은 진짜 나를 찾는 게임 속으로 빠져들게 한다. 자아 성찰이 일어나는 것이다. 꿈은 밖으로 나가서 찾는 것이 아니라, 마음속에 있는 것을 잘 관찰함으로써 발견하는 것이다. 왜냐하면 당신 안에 잠자고 있기 때문이다.

간절히 원하면 지금 움직여라

"간절하게 원하면 지금 움직이세요." 만약 내가 지금 움직이고 있지 않다면 간절함이 부족한 탓이다. 간절함이 부족한데 꿈이 이뤄지리라 기대해선 안 된다. 꿈이 이뤄지지 않음을 불평해서도 안 된다. 승패를 미리 가늠할 필요는 없다. 성공을 향해 가다 보면 반드시 실패와 먼저 만나야 하니까. 그러니 진짜 성공은 무수한 실패를 겪은 후에야 겨우 만나게 될 것이다.

인구가 1,800여 명인 미국 해밀턴 마을에 사는 62세의 제니 도안은 바느질로 온 마을을 먹여 살릴 정도라고 한다. 캘리포니아에서 살던 주부 제니 도안은 남편 월급만으론 7명의 자녀를 키울 수 없어서 1995년 물가가 가장 싼 해밀턴을 찾아 이사했다. 새로운 환경에서 외로움을 달래려 퀼트를 시작했다고 한다. 퀼트는 천 조각을 이어 붙여 손바느질과 재봉틀로 이불, 양자 등을 만드는 것이다. 판로를 고민하다 아들과 딸의 도움을 받아서 퀼트 교습 영상을 유튜브에 올렸다고 한다. 퀼트는 제니 도안을 유튜브 스타로 이끌었고, 구독자 69만 4천 명을 보유하고 있다.

영상을 하나 올릴 때마다 도안과 원단 조각이 팔리면서 사업도 승승장구했다. 사업이 커지면서 아들, 며느리, 손자, 사위 가족, 아들 친구까지 총동원됐다. 2013년부터는 퀼트 팬들이 제니를 보기 위해 마을을 찾아오기 시작했고, 관광객들이 수백 달러씩 돈을 쓰면서 마을은 활기를 되찾기 시작했다. 제니는 마을의 낡은 상점을 사들여 12개 매장을 냈다. 1,800여 명 주민 가운데 제니와 일하는 주민이 450명이라고 한다. 가난에 허덕이던 작을 마을을 '퀼트계의 디즈니랜드'로 만들어 놓았다. 가난을 탈출하고자 하는 간절함이 유튜브를 통하여 퀼트 팬들에게 성지 같은 곳으로 만들었다.

무엇인가를 진정으로 원할 때 원하는 대로 실천하지만, 그 과정에서 장애물이나 걸림돌도 많이 발생한다. 그래서 시도하기 전에 한 번 더 진지하게 고민을 해볼 필요성이 있다. 하지만 무엇인가를 간곡히 원하고 바라는 것이 있다면 도중에 발생하는 장애물이나 걸림돌에 큰 영향을 받지는 않는다. 강인한 간절함은 말로는 설명하기 힘든 위력을 지닌 것이 분명하다. 간절하고 절실하다는 것은 바램과 같은 마음이 있다는 것이고 이것이 행동으로 이어지기 때문일 것이다.

간절함은 목표가 있어야 더 강하다

스포츠 경기에서도 간절함은 위력을 나타낸다. 축구 감독은 "상대 팀에 그 어느 점도 이기지 못했다."라는 말로 선수들에 대한 강한 불만족을 드러냈다. "간절함이 얼마나 중요한지 많이 느꼈다. 팬들도 많이 찾아주셨는데 이기지 못했다. 앞으로 선수들도 저도 반성할 것이다. 운동장에는 간절한 선수들이 들어가야 한다."라고도 했다. "경기 시작 전 제일 무서웠던 게 정신 무장이었다. 기술보다 정신적으로 준비를 잘하자고 했는데, 그 점이 부족하지 않았나 싶다."

이 팀은 이번 경기의 패배가 의미가 없었다. 그래서 선수들에게는 이겨야 한다는 목표가 없었고 간절함이 없었다. 감독은 팀의 정신력을 끌어올리기 위해 간절한 선수를 투입할 생각까지 하고 있다고 암시를 했다. "선수들을 좀 바꿔서 나갈 생각도 있고, 간절함을 더 찾도록 하는 길밖에 없다."

간절함이란 '되면 좋은 것'이 아니라 '안되면 안되는 것'이어야 한다. 그래서 목표가 있어야 한다. 내가 정한 목표를 달성하기 위해서 내 마음속에 깊숙하게 깃들어져 있는 그런 간절함이 충동을 받아 활동으로 이어진다. 목표가 있어야 간절함을 더욱 강하게 할 수 있다.

수도권을 제외한 지방 도시에서 젊은이들이 정착할 수 있도록 정책발굴과 공동체 형성을 지원하는 마을 생태계 조성지원센터 사업팀장의 이야기다. 내가 디지털시대에 적응하고자 인터넷 수업을 신청하여 1개월 수업을 받았다. 그 과정에 내 눈에 비친 강사분의 태도는 너무나 순수하고 친절하였다. 컴퓨터와 핸드폰에 익숙하지 않은 중장년과 노년층으로 대상으로 최선을 다했다. 어디서 이러한 태도가 나올까? 그것은 강사분의 간절함 때문이라고 생각한다.

수도권에 소재한 중소기업을 다녔고 나중에는 창업하는 회사에 도움을 주는 일을 했다. 경력과 자신감이 쌓이자 전국을 돌아다녀 보았다. 세상이 불공평하다는 것을 느꼈다. 수도권에는 젊은 층이 몰리고 생활하기에 편리하며 여러 가지 지원시설도 많이 있는데, 반면 비수도권은 매우 열악한 것을 확인했다. 그 광경을 그냥 바라보고 있을 수 없어 농촌을 선택했다. 지금은 잠깐 시간을 쪼개어 도시에서 시대에 적응하려고 노력 중인 기성세대 등을 위해 일조하고 있다. 간절함의 힘은 이렇게 강하다.

목표는 아무리 찾아도 외부엔 없다. 내 안에만 있다. 그러니 찾는 이도 나여야 한다. 앞에서 간절함에는 목표가 있어야 한다고 하였다. 목표는 지금부터 내가 할 수 있는 것, 하고 싶은 것들로 정하면 된다.

< 자신감 >
자신감을 얻고 삶을 바꿔라

자신감을 강조하며 이야기하려 하지만 부끄러운 이야기를 먼저 해야겠다. 나는 작년 거주 중인 아파트 동대표로 선출되었다. 자진해서 했다기보다는 주변에서 봉사를 권유하여 신청했다는 표현이 맞는 것 같다.

매달 입주자대표회의가 개최된다. 선출 후 두 번째 회의에서 문제가 생겼다. 2년 전에 같은 내용이 상정되었으나 부결된 안건이었다. 그런데 이번에 동대표가 대폭 교체되면서 찬성 의견을 제시하는 대표가 압도적으로 많았다. 나는 시간적인 여유가 있으니 결정을 2년 후로 연기하자는 의견을 제시했다. 결국에는 사안이 중대하며 신속히 결정해야 한다는 의견이 다수라 결정은 입주민의 투표 결과에 따르기로 동대표 전원이 동의했다. 나는 입주민들이 합리적인 판단을 할 수 있도록 안건의 장단점을 제시하며 나름대로 노력했다고 생각한다. 내가 제시한 안건의 장점은 채택이 되고 단점은 제외되는 아쉬움도 남겼다.

 최종적으로 입주민에게 알리는 공고문에는 안건의 많은 장점과 몇 개의 단점이 표시된 채 입주민투표를 치르게 되었다. 토론과정에서 다른 동대표는 나를 오해하는 발언도 했다. 입주민투표 결과가 내 주장과 다르게 결정되었을 경우 의견을 달리한 다른 동대표들이 나를 바라보는 시선이 두렵기도 하였다. 확실히 내가 변했다는 사실을 알 수 있었다. 그 다음번 입주자대표회의에 참석하여 적극적으로 의사를 나타내고 소통하는 나를 발견했다. 이후에 실시된 문제의 안건은 주민투표율이 저조하여 부결되었다.

 미래의 상황이 어떻게 전개될지는 누구도 장담할 수 없다. 시간이 흐른 뒤에 올바른 선택에 대한 판정이 내려질 것이다. 일시적으로 자신감이 흔들리는 현상도 있었지만, 이번 경험으로 내 마음을 또닥거리며 자신감이 더 강화되는 기회가 되었다고 생각한다. 내가 내린 결정이 항상 옳을 수는 없다. 그러나 최선을 다했다면 잘못되었다고 기죽을 필요는 없다. 실패가 모여 성공의 길로 향하기 때문이다.

자신감이 부족할 때 어떤 부정적인 감정들이 나타날까? 스스로 쓸모없는 사람이며 할 수 있는 능력이 없다는 열등감, 돌발 상황을 예측하느라 늘 걱정을 안고 사는 두려움, 전부 자기 잘못이라며 자책하는 죄책감, 스스로 다른 사람들로부터 배제되었다는 소외감 등이다. 자신감이 부족한 사람들의 행동은 어떠한가? 집안에 일이 있어 한 시간 퇴근을 빨리하고 싶은데 상사 또는 동료들에게 미움을 살까 두려워 말도 하지 못하고 정시에 퇴근한다.

내가 싫다고 하면 사람들이 안 좋게 보아 소외될까 봐 말을 하지 못한다. 잘하는 일인데도 잘난 척한다는 평가를 받을까 자신의 가치를 낮춘다. 이같이 자신감 부족은 인생의 걸림돌이 될 수 있다.

도움을 청하는 것도 자신감

진심 어린 마음으로 도움을 청해본 적이 있는가? 스티브 잡스의 '빌 휴렛과의 통화'가 그렇다. 12살이었던 스티브 잡스는 '주파수 계수기'라는 것을 만들어보려고 시도했지만, 부품이 부족했고 살 돈도 없었다. 그 부품을 만드는 회사는 HP였다. 잡스는 전화번호부에서 HP의 공동창업자인 빌 휴렛의 번호를 찾았고 전화를 걸었다. 놀랍게도 빌 휴렛은 직접 전화를 받았다. 그는 20여 분이나 통화한 끝에

원하는 부품을 주기로 약속한 것은 물론, 잡스에게 방학 기간에 주파수 계수기를 만드는 공장에서 일할 기회까지 주었다.

이 경험에서 용기를 얻은 잡스는 그 후로도 누군가의 도움이 필요하면 전화번호부부터 꺼내 들었다고 한다. 영상에서 잡스는 마지막으로 이런 말을 했다. "전화해서 도움이 필요하다고 말했을 때 이를 거절한 사람은 한 명도, 단 한 명도 없었습니다. 그런데도 사람들은 전화를 걸지 않아요. 대부분의 사람들은 요구하거나 요청하려 하지 않지요. 그것이 무언가를 이루어내는 사람과 그저 꿈만 꾸는 사람의 차이이기도 합니다."

발표가 너무 조심스럽거나 겸손을 떨면 맛이 떨어진다. 청중은 강사의 잘난 척이 미우면서도 동시에 그런 점을 좋아하게 마련이다. 나보다 잘난 사람이 아니라면 내가 뭐 하러 남의 발표를 듣겠는가? 실제로 발표 도중에 청중은 강사의 실수를 감지해도 그 실수로 용서를 비는 강사는 좋아하지 않는다. 스크린에 잘못된 자료가 쓰여 있을 경우라 하더라도 실수를 자인하지 말고 기억에 따라서 올바른 자료를 입으로 언급해 주면 된다. 청중은 '발표 자료를 만들어 준 사람이 실수했겠구나'라고 생각하고 넘어가 준다. 자신감 자체가 힘이라는 이야기이다.

자신감 부족은 건강에도 영향을 미친다

앞에서 자신감이 부족할 때 감정과 행동에 대한 부정적인 면을 이야기했다. 자신감이 부족하면 건강에도 해롭다. 자신감이 부족할 경우 가장 흔히 나타나는 질병이 우울증이다. 무언가를 하고 싶다는 의욕이나 욕구가 없어지고, 모든 것에 대한 희망이나 의지가 줄어들어 미래에 대하여 막막해진다. 둘째는 사회 불안 장애이다. 다른 사람들의 판단을 두려워하고 그들이 자신을 부정적으로 판단한다고 생각하여 다른 사람들을 멀리하게 된다.

점점 혼자만의 생활에 틀어박혀 위축되고 다른 사람과의 만남을 피하려는 경향이 생긴다. 자신감 부족으로 인한 의존증도 있다. 자학하며 스스로 가진 나쁜 이미지를 굳히려고 술을 마시거나 술이 마음을 안정하도록 유도하기에 술에 의존하는 사람들이 많다.

둘 중 하나를 선택해야 하는 경우가 있다. 선택에는 저마다 장단점이 있다. 둘 중 하나를 선택할 때는 다른 하나의 장점을 잃는다. 때로는 돌이킬 수 없는 결정을 내려야 하거나 그 결정의 여파가 큰 경우에는 결정을 내리기가 쉽지 않다. 암 진단을 받았을 경우, 수술이 최선이라는 이야기가 다수이지만 자연으로 돌아가는 방법이 좋다는 주변의 이야기도 만만치 않다. 또 결혼은 신중하게 결정해야 한다. 잘못된 선택이 이혼이나 파경에 이르는 경우 심각성이 크기 때문이다. 결정이 신속하지 못하면 우유부단하다는 질타를 받을 수 있다. 그것은 자신감이 부족하다는 뜻이기도 하여 편견을 받기 쉽다. 그런데 우유부단함이 절대 나쁜 것은 아니다. 신중한 결정이 필요한 상황이 있어 망설임도 때로는 바람직하다. 결정하지 않겠다는 것도 결정이다.

일어서기만 해도 삶은 다시 시작된다. 실패하고도 또 도전하는 이유는 일단 일어서기만 하면 삶은 다시 이어진다는 사실이다. 다시 시작하는 데 있어 가장 중요한 건 '마음가짐'이라는 것을 깨닫기까지 2년이란 긴 시간이 걸렸다고 누군가 이야기한다. 원하는 게 있다면 가만히 기다리기만 하는 소극적인 태도는 안된다.

내 마음속의 자신감을 두드려 깨워라. 옆 사람이 도울 수도 있다. 은퇴를 앞두고 불안해할 때, 건강하기만 하면 된다고 격려해 주는 아내의 모습에서 남편들은 잃어버렸던 삶의 용기가 파릇파릇 되살아난다. 배우자의 격려 섞인 말 한마디가 자신감을 북돋아 주기도 한다.

< 운 >
운이 바뀐다. 운을 활용하라!

　나도 여러 차례 경험해 보았기에 이제는 운에 대한 믿음이 있다. 사소한 것이라 여겨질 수 있지만 나는 주차장에서 운을 많이 경험했다. 그래서 주차장이 아무리 복잡해 보여도 무조건 진입한다.

　주말에는 보통 어머니를 돌보기 위해 간다. 어머니가 거주하는 아파트는 오래된 아파트라 주차장이 매우 협소하다. 특히 일요일에는 주차난이 매우 심각하다. 아파트 내부 도로를 겨우 지나 꺾어진 주차장 앞에 가면 입구가 복잡하여 보통의 사람들은 진입을 포기한다. 그런데 내가 진입해 보면 아주 좋은 위치에 빈자리가 있다. 마트를 가도 비슷한 경험을 자주 한다. 이러한 경험이 반복되다 보니 내가 주차할 자리는 있다는 운에 대한 믿음이 자리하고 있다. 주차장에서는 운이 따르고 있으나 돈에는 운이 따르지 않는다는 게 아쉽다.

서퍼들도 파도를 타기 위해 365일 내내 바다에 나가지 않는다. 파도 정보를 제공하는 앱을 통해 자신이 나가도 좋은 타이밍인지를 먼저 확인하고, 그 타이밍에 맞춰 바다에 나간다. 우리도 그렇게 하면 된다. 여러 데이터를 보며 지금 내가 나가도 되는 타이밍인지 파악하고 그렇다고 느끼면 실제로 나가서 용감하게 도전하면 된다. 물론 바다에 나갔다가 예보와 달리 파도가 좋지 않을 수도 있다. 우리 삶에서도 때가 되었다고 생각하고 도전했지만, 허탕을 치고 빈손으로 집에 돌아가야 하는 날이 허다하다. 하지만 그럴수록 우리는 실망하지 말고 다음에 있을 좋은 파도를 기다리며 지금 내가 할 수 있는 노력을 기울여 실력을 쌓아야 한다. 노력을 다한 후에 운도 함께 따라와 성공할 확률이 높아진다.

'운칠기삼' 운에 의존하라는 이야기는 아니다. 운이 필요하기에 운을 활용하자는 것이다. 긍정적인 자세로 '운'을 붙잡아 예기치 않은 변화를 성공의 기회로 삼고 삶의 즐거움을 맛보는 데 중점을 둔다. 이제는 잘 계획하는 것만으로는 행복하고 성공적인 삶을 보장받지 못한다. 내일 일도 예측하기 힘든 이 시대에 우리가 할 수 있는 일은 예기치 못한 상황을 받아들이고 인생에 일어나는 우연을 최대한 활용하는 것뿐이다.

운은 항상 기운이 밝고 좋은 사람에게 흘러간다고 한다. 과학적 근거가 부족하고 만화책에서나 나올 만한 표현이지만, 이런 주장은 수많은 자기계발서에서 공동으로 하는 내용이다. "인생의 성공은 운이 좌우한다."라고 본인의 경험을 바탕으로 확신에 찬 이야기를 하는 사람도 적지 않다. 또 우리의 치밀한 계획은 운 앞에 아무런 힘없이 무너질 수도, 바람을 타고 하늘을 날아갈 수도 있다.

운이 당신을 돕기 바란다는 소극적인 자세에서 벗어나 지금부터 운이 좋은 사람처럼 행동하라. 그리고 아침저녁으로 '나는 운이 좋다'라는 마음을 가져라. 그러면 한 달 안에 이전과 달리 정말 운이 좋아진 자신을 만날 수 있다.

겸손도 반전을 일으킨다

당신을 뒤에서 욕하는 사람이 많은 것은 좋은 일이 아니며, 신경 쓰지 않아도 되는 일은 더더욱 아니다. 물론 한 명도 없을 수는 없겠지만, 적어도 스스로 행동이나 대화 중의 말로 인해 생겨나는 질투라면 스스로가 조금은 자제하고 조심할 필요가 있다. 특히나 어려움을 겪고 있는 친구에게 도움을 준답시고 직설적으로 상대방의 단점을 지적한다면 상대가 웬만한 정신력으로 무장이 된 사람이 아니고서는 받아들이기 어렵다. 상대가 지금 풀이 죽어 있고 좌절한 상태이면 오히려 당신에 대한 반발심만 생기게 할 뿐이다.

특히 당신이 지금 조직 내에서 실적이 좋거나 성공 가도를 달리는 중이라면, 가능하면 남들보다 훨씬 더 겸손해야 한다. 당신이 성공자라면 주변의 많은 이들로부터 시샘을 받을 확률이 높다. 질투는 같은 환경에서 당신만큼 성공하지 못한 자신들을 무시할 것이라는 열등의식에서 나올 가능성이 있다. 하지만 그들에게 겸손한 태도와 존중하는 마음을 나타낸다면 이들의 시기와 질투는 금세 응원으로 바뀌게 된다. 가능하면 운이 좋았다는 표현을 많이 사용하는 게 좋다.

스스로가 운이 좋아서 성공했다고 말한다면 비슷한 환경에 처했던 상대에게 위안이 될 수 있고 자신감도 가질 수 있기 때문이다. '본인이 열심히 하지 않아서가 아니라 이 사람이 운이 좋아서 성공한 거구나.'라는 마음을 건네준다면 쉽게 상대를 당신 편으로 만들 수 있다. 그렇게 쌓인 당신 편들은 당신 앞날에 큰 긍정적 응원군이 된다.

옳은 말은 무조건 수용된다는 착각

　가까운 사이였는데 어느 날 갑자기 멀어져서 멀어진 이유를 떠올려 보려 해도 떠오르지 않는다면, '옳은 말실수'를 하지는 않았는지 되짚어 볼 필요가 있다. 사실에 입각한 충고는 상대가 받아들일 마음의 준비가 되었을 때 하는 것이다. 상대가 전혀 받아들일 마음의 준비를 하지 않았는데 무턱대고 상대의 단점이나 개선해야 할 점을 지적하는 것은 무리한 일이다. 옳은 말은 무조건 수용된다는 착각에서 일어났다.

　한편, 사람들의 착각을 이용하여 성공하는 사례도 많다. 흔히 경험하고 있는 후광효과에 관하여 이야기해 보자. '후광'이란 사람이나 신의 몸 주변에 비치는 빛을 말한다. 말뜻 그대로 후광효과란 사람이나 사물의 한 가지 뛰어난 점 때문에 다른 면까지 훌륭해 보이는 현상을 말한다. 성공한 사람의 실력과 인격은 후광효과로 실제보다 훨씬 훌륭해 보인다는 사실이다. 실제보다 과장된 후광효과가 강력한 효과를 발휘한 덕분에 사람들이 '저 사람이 만든 작품은 틀림없이 재미있을 거야'라고 믿게 된다.

　거의 모든 조직에서도 후광효과에 기초하여 의사결정이 이루어지고 있는 경우가 다수이다. "사장님이 이야기했다고 하던데", "부장님이 괜찮다고 했으니 괜찮은 거야" 등 '높은 지위'나 '눈에 띄는 실적'이 있으면 사람들은 그 사람을 '전체적으로 뛰어난 사람'으로 인식한다. 그래서 그의 발언이나 사고는 실제보다 더 우수하다고 신뢰한다.

사람이 운을 통제할 수는 없다. 통제할 수 있다면 그것은 이미 운이 아니기 때문이다. 운은 근본적으로 통제할 수 없는 것이다. 그러나 착각과 운을 활용하면 성공 확률을 높일 수 있다. 한 번 성공하면 또 다른 성공을 낳을 수 있다는 점을 이용하면 된다. '성공은 운이 아니라 실력에 달려 있다'고 착각하기 때문이다. 착각이 성공을 이어간다. 운이 왔을 때 운을 활용하자.

05

'뉴셋'으로 인생 가치를 업그레이드

<　믿음　>

믿음보다 강한 무기는 없다

지인 박사장(가명)의 사연이다.

"보스, 칩(값싼) 엔드 굿 물건 또 있어요?" 가나에서 한국으로 귀
화한 엄큼이(가명)가 두 번째 거래를 위해 전화를 걸어왔다. 첫 거래
를 회상하면 조금은 망설여진다. 그러나 거래는 해야 하기에 "오케
이"라는 답을 하고 말았다. 엄큼이는 몇 사람을 거쳐 알게 된 고객이
다. 한국에 거주한 지 7년째로 한국인 여성과 결혼하여 한국어에 익
숙한 것 같은데 상거래상으로 만나면 영어로 이야기한다. 그 사실을
나중에 알았지만 왜 영어로 소통을 하는지는 지금까지 알 수 없다.

엄큼이는 현재 전라남도에 거주하고 있다. 첫 만남이 이루어진 것

은 부산의 시외버스터미널에서 새벽 3시와 4시 사이다. 엄큼이는 밤 11시 30분 차를 타고 왔다고 했다. 불쌍한 마음이 들어서 빵을 사서 함께 나누어 먹었다. 이후에도 그러한 경험이 몇 번 있었지만 한 번도 빵값을 엄큼이가 지급한 적은 없다. 내 차에 태워 창고에 도착했다. 엄큼이가 구매하고자 하는 상품은 가방, 모자, 신발이다.

처음에는 구매하고자 하는 상품을 들러보고 관심이 없는척하며 다른 물건에 시선을 집중하다가 말을 건다. "보스, 이 세 가지를 전부 구매하면 얼마죠?" 매끄럽지 않은 영어 발음이었다. 엄큼이가 하는 영어는 문법적으로 맞지 않아 박사장이 수정해서 그가 말하고자 하는 정확히 의미를 이해해야 했다. "삼백만 원"이라고 답하자 우선 머리부터 가로 젓는다. "익스팬시브(비싸다)"를 연발한다. 엄큼이가 지정한 물건들을 1톤 트럭에 실으면 가득 차는 양이다. 이어서 "나는 돈이 없는 불쌍한 사람이어요."라는 이야기도 강조한다.

박사장이 이야기한다. "그럼 예상하고 온 금액은 얼마죠?" 엄큼이는 절반으로 제시한다. "백 오십만 원요" 박사장은 화가 나지만 빨리 자금회전을 시켜야 하고 불쌍한 표정을 지나칠 수 없어 승낙하고 만다. 엄큼이는 얼른 주머니에서 백만 원을 우선 건넨다. 그리고는 창고에 다시 가자고 하고서는 구매한 이외의 물건들을 주섬주섬 집어다가 준비된 트럭에 옮긴다. 이번에는 양말에서 이십만 원을 꺼내서

준다. 한참을 기다려도 나머지 삼십만 원을 줄 생각을 하지 않는다. 박사장이 기다리다 못해 나머지 돈을 달라고 하자. 그제야 돈이 없다. 비싸다고 한다.

박사장은 얼굴을 붉히며 트럭에 실은 모든 물건을 내리라고 한다. 아무런 대꾸도 없이 엄큼이가 물건을 창고에 옮겼다. 엄큼이를 집으로 돌아갈 수 있도록 차에 태워 시외버스정류장으로 향하였다. 이런 일을 처음 경험하는 박사장은 운전을 하면서 고민에 빠졌다. 이대로 끝을 내야 하나, 한 발짝 더 물러나야 하나. 박사장이 엄큼이를 보며 "마지막으로 묻는다. 얼마를 더 줄 수 있나?" 엄큼이는 "십만 원요." 먼 지방에서 왔고, 한국문화에 익숙하지 않은 점 등으로 고려하여 그냥 싸게 주기로 하며 박사장은 승낙을 하고 만다. 이렇게 엄큼이와 첫 거래는 성사되었다.

엄큼이가 한국에 와서 생활하면서 불쌍하다고 주변에서 공짜로 많은 물건을 얻었다고 한다. 그동안 한국민의 정서를 완전히 파악하고 있는 것 같았다. 불쌍한 나라에서 왔고 그래서 돈이 없다는 이미지를 박사장과 거래에서도 활용한 것이었다. 더 놀라운 사실은 박사장은 이번 거래로 약 두 배를 벌었다는 것이다. 박사장이 재고로 가지고 있는 상품의 평균 단가는 ***원 수준이라 한다. 옛날이 아니고 2019년도 발생한 일이다.

박사장은 60대 초반이다. 30대 중반까지 대기업에 근무하다가 계획이 있어 퇴사한 후, 장인어른이 경영하는 광산업을 도왔었다. 그 과정에 해외인력을 공급하는 회사에 근무하며 부산, 경남에 상당한 인력을 입사시켰다. IMF로 인하여 많은 회사가 문을 닫았다. 인력 수요가 자연히 줄었다.

박사장은 텐트, 스포츠용품, 생활용품 등 유통업으로 업을 전환했다. 2010년 50대 박사장에게 시련이 다가왔다. 장인어른이 운영하던 회사가 부도를 맞았다. 박사장이 장인의 재정적 어려움에 보탬이 되고자 보증을 섰는데 이것이 화근이 되었다. 수중에 남은 것은 이백만 원이 전부였다.

박사장의 심정이 어떠하였는지는 상상이 간다. 박사장은 하나의 시련이라 생각하고 재기를 다짐했다. 유통업을 한 경험과 인맥을 활용하여 다시 시작했다. 그 과정에 만난 거래처 중 한 사람이 엄큼이다. 외국인을 상대한 사례는 이외에도 파키스탄인을 통한 두바이 수출도 하였다. 두바이에서는 값싼 중국제품보다 상대적으로 비싼 한국제품을 더 선호한다고 한다.

한국산 이미지가 현지에서는 평가가 좋다고 한다. 50대에 위기를 맞이하였지만, 좌절하지 않고 찾고 노력하면 재기할 수 있다는 믿음을 가지고 도전하였고 상상하기 어려운 틈새시장을 공략하며 살아가고 있다.

인생에도 계절이 있고 계절은 바뀐다

 나무든 사람이든 한 계절의 모습만으로 전체를 판단해서는 안 된
다. 나무와 사람은 모든 계절을 겪은 후에야 결실이 맺힐 수 있기 때
문이다. 가장 힘든 계절만으로 인생을 판단해선 안 된다. 한 계절의
고통으로 나머지 계절들이 가져다줄 기쁨을 파괴하지 말아야 한다.
겨울만 겪어보고 포기하면 봄의 약속도, 여름의 아름다움도, 가을의
결실도 놓칠 것이다. 나무를 지켜보면 어떤 계절도 계속되지는 않는
다. 헐벗은 가지에 바람 소리만 가득할 때 그것으로 자신의 전 생애
가 고통스럽고 허망할 것이라고 유추해서는 곤란하다.

 지금 하는 일에 집중하고 노력하면 쓸모가 생긴다. 쓸모가 생기
면 반드시 주머니의 송곳이 삐져나오듯 두각을 나타낸다. 이를 낭중
지추라 한다. 실력을 발휘할 기회가 반드시 온다는 것이다. 하고 싶
은 일을 해라. 처음에는 잘하지 못해도 괜찮다. 하고 싶은 일부터 시
작해서 점점 잘하면 된다. 하고 싶어서 하면 나다움을 갖게 되고 영
향력이 생긴다. 이것이 능력이고 실력이며 성공으로 가는 지름길이
다. 일희일비하지 말자. 인생은 길다. 믿음을 가지고 노력하면 성공

은 찾아온다.

 일본의 국민배우 와타나베 켄 씨는 55세 때 배우 인생에 처음으로 뉴욕에서 뮤지컬 주연이라는 큰 역할에 도전했다. 심지어 무대에서 영어로 노래해야 했다. 첫날 공연에서 기립박수와 함께 큰 환호성을 받았다고 한다. TV 인터뷰에서 켄 씨는 "사람이란 나이를 먹고도 아직 이렇게 성장할 수 있습니다. 성장할 수 있는 여지가 아직도 남아 있음을 이번 도전을 통해 정말 실감했습니다." 켄 씨뿐만 아니라 모든 사람은 계속 성장해 나갈 수 있다. 자기 안에 잠들어 있는 재능을 깨워 평생 현역의 감각으로 살아가자.

 예상과 반비례하여 높아지는 게 만족감이다. 애초에 많은 성과를 바라지 않았다. 그런데 결과가 좋다면 당초에 비하여 엄청난 만족을 얻는다. 이 얼마나 훌륭한 지혜인가. 눈에 보이지 않는 것들은 언제나 눈에 보이는 것들의 근원이다. 풀과 나무는 뿌리로 지탱되는 데 뿌리는 땅 밑에 있어서 눈에 보이지 않는다. 앞에서 주인공으로 나온 박사장은 50대에 집도 경매로 날아가고 수중에 이백만 원만 가지고 있었다. 절망으로 자포자기하기 쉬운 환경에서도 일어설 수 있다는 믿음으로 살아가고 있다. 지금부터 3년 후에 성공한 자신의 모습을 그리며 오늘도 목소리에는 힘이 들어가 있다. 자신의 내부에 형성된 강한 믿음에서 나오는 듯하다.

< 여유 >
살면서 놓치고 싶지 않은 여유로움을 갖자

  나는 서울을 방문한 경험이 많지 않다. 시간이 제법 흘러간 이야기로 지금은 달라졌을 수도 있겠다. 서울에 가면 지하철 노선이 복잡하고 사람들이 여유가 없다고 들었다. 그래서 그런지 길을 물어보아도 모른다고 하며 외면받기 쉽고 불친절하다는 이야기를 심심찮게 한다. 이러한 이미지가 나에게 남아 있는 가운데 서울을 방문해야 할 기회가 있었다. 이때가 30대 중반으로 기억한다.

  지하철을 타러 가는 사람들의 발걸음이 너무 빨라서 처음에는 놀라웠다. 저렇게 빠르게 서둘러야만 서울에서는 살아갈 수 있는지 의문이 들었다. 또 지하철을 기다리다가 승차를 했을 때도 내가 사는 곳과는 달랐다. 좌석의 여유가 많은 것 같았는데 순식간에 앉을 자리가 없어졌다. 사라졌다고 표현하는 게 나을 것 같다. 내가 너무 여유를 가졌는지도 모르겠다. 그 이후에도 몇 차례 서울을 방문했고, 한 차례 방향을 물어보았는데 모른다는 답이 돌아왔다. 내가 서울 사람들에 대하여 부정적인 이미지를 가지고 있던 가운데 내가 거주하고 있는 도시의 낯선 장소를 걷고 있었다. 승용차 안에서 방향을 물어보는 사람이 있었다. 모른다는 답변을 했더니 "왜 사람들이 전부 모른다고만 하나!" 하면서 불만을 토로했다.

아마도 나 이외 다른 사람한테 물어본 경험이 있는 것 같았다. '몰라서 모른다고 했는데' 갑자기 내가 짜증이 났다. 순간 서울 사람들이 불친절하다고 일방적으로 평가한 것이 잘못되었다는 생각이 들었다. 서울 사람들이 시간적 여유가 없어 출퇴근 길만 이용한다면 그럴 수밖에 없겠다. 나도 지금껏 출퇴근 길만 고집하고 여유 없는 삶을 살아온 것 같아 쑥스럽다.

'빨리빨리 문화'가 한국을 상징한 지는 이미 오래됐다. 한국 사람이 점심을 먹는 데 걸리는 시간은 평균 7분 정도에 불과하다. 프랑스 사람은 평균 57분이나 된다는 뉴스가 한때 화제가 되기도 했다. 한국인들은 빨리 먹고 일을 해야 하거나 좀 더 쉬려고 하기 때문이다. 우리는 행복해야 할 식사 시간마저 도둑맞고 있는 셈이다. 사실 즐겁게 먹기 위해 일하는 것이 아닌가? 한국인은 여가를 즐기면서도 '

빨리빨리'를 외친다. 여행지에서 가장 많이 하고 듣는 말도 '빨리빨리'다. 실제로 이탈리아 로마에서는 한국 관광객임을 알아챈 가게 주인들이 "빨리빨리! 안녕?"이라고 한다지 않는가. 어디 이탈리아뿐이겠는가. 중국이나 동남아시아 어느 나라를 가도 현지인들이 우리에게 '빨리빨리'라고 외치니. '빨리빨리'는 이미 한국인의 별명이나 마찬가지가 됐다.

우리 인생의 목적지는 도대체 어디일까? 인생의 목적, 내 삶의 목적이 있다면 그것은 누가 뭐라고 해도 '행복'이다. 우리는 행복하기 위해 살아가고 공부하며 일한다. 행복한 삶이 목적이고 이를 위해 공부하고 일도 하는 것이다. 그러나 현실을 돌아보면 거꾸로 가는 것 같다. 물론 마지막에 행복해야 더 행복하겠지만, 진짜 중요한 것은 인생의 순간순간이, 한 걸음 한 걸음이 행복한 '과정'이어야 한다는 점이다.

과정은 행복하지 않고 결과만 행복하길 바란다면 우리는 결코 행복할 수 없다. 그 과정이 좀 여유가 있고 돈에 너무 구속되지 않았으면 좋겠다.

중산층을 왜 알아야 하나?

중위소득은 전체 소득을 전체 가구 수로 나누어 얻는 평균 소득과 달리, 전체 가구의 소득 순위 가운데 중간에 해당하는 통계적 수치로, 소득계층을 구분하는 기준으로 흔히 사용된다. 중산층을 흔히 사회를 지탱하는 허리에 비유한다. 따라서 중산층이 두툼하게 형성되어 있다면 사회가 안정돼 있다.

경제협력개발기구(OECD)는 중위소득의 50~150%에 해당하는 계층을 중산층으로 본다. 기준 중위소득은 보건복지부 중앙생활 보장 위원회에서 매년 결정된다. 대부분 복지사업의 기준으로 활용되고 있다. 대표적으로 기초생활보장 수급자나 차상위계층, 임대주택 입주자 등을 선정할 때 '기준 중위소득 **% 이내', 이런 식으로 조건을 정한다. 2021년 중위소득(100%)은 4인 가구 기준 4,876,290원. 월 평균 소득이 244만~731만 원이면 중산층에 해당하는 셈이다.

한국과 미국, 영국, 프랑스의 중산층 기준이다. 한국 직장인은 30평대 아파트와 월 급여 500만 원 이상, 1억 원 이상 은행 잔액, 중형차와 1년에 해외여행 1번 다녀올 수 있으면 중산층이라 답했다. 프랑스는 외국어 하나 정도 구사하고 즐기는 스포츠가 있을 것, 영국과 미국은 자기주장과 신념을 갖고 사회적 약자를 도울 것 등을 꼽았다. 우리나라 국민을 비하하고 싶은 생각은 없지만, 선진국에 비하면 아직도 경제적인 면에 치중해 있는 것을 부정할 수 없는 사실이다.

돈만 더 가지면 행복할까? 돈보다 중요한 것이 건강하고 여유로운 삶 아닐까? 돈은 삶에 충분한 정도만 벌면 되지 않을까? 그 충분한 정도를 우리는 잘 알고 있는가? 지금까지 아등바등 살고 있지만, 과연 우리 내면은 평온하고 행복할까? 남부럽지 않게 성공한 듯 보이고 한창 인생을 멋지게 살아야 할 40~50대 장년층이 어느 날 갑자기 '내 인생이 왜 이런가?'하고 삶에 회의를 느끼는 것도 바로 이 때문이다. 우리 삶의 소프트웨어인 가치관이 잘못됐으니 삶의 하드웨어인 몸과 일상이 모두 소진되는 것은 지극히 당연한 결과다.

초보 운전자와 베테랑 운전자의 가장 큰 차이는 무엇일까? 시야 차이다. 초보 운전자는 앞만 바라보기 때문에 차량 흐름을 제대로 판단할 수 없다. 한편 베테랑 운전자는 출발하기 전에 목적지까지 멀리 보며 흐름을 따른다. 사고상황, 차량의 흐름, 끼어드는 차, 신호등을 보고 종합적으로 판단한다. 이는 베테랑 운전자가 초보 운전자보다 경험과 운전기술이 풍부하여 마음에 여유가 있기 때문이다.

우리는 곧바로 자신이 원하는 목적지에 도착하기를 원한다. 하지만 과정을 거치지 않는다면 어떻게 길 끝의 아름다움에 도달할 수 있겠는가? 모든 새가 우아하게 활공할 수 있기 전에 어설픈 날개를 파닥여야 하듯이 아픔과 노력이 필요한 과정의 시간이 있어야 한다. 행복은 멀리 있지 않다. 지금보다 편안한 마음으로 여유를 갖고 기대치를 낮추자.

< 포용심 >
마음이 건강한 사람은 특징이 있다

프랑스의 사르코지 정부 출범 초기에 정부 개혁 작업을 총지휘했던 좌파 사상가 자크 아탈리 는 자신의 책 〈호모 노마드, 유목하는 인간〉의 맨 앞장에, "성을 쌓고 사는 자는 반드시 망할 것이고, 끊임없이 이동하는 자만이 살아남을 것이다"라는 문구를 소개했다. 8세기에 돌궐족의 부흥을 이끈 명장 톤유쿠크의 묘비에 새겨진 글이라고 한다. 자크 아탈리는 이 문구를 소개하면서 인간의 역사는 정주민의 역사가 아니라 유랑민의 역사였다고 주장한다.

나무에서 영장류들이 내려와 정착 생활을 하기까지 인류는 태풍, 추위, 가뭄, 맹수를 피해 불안정성과 불확실성 속에서 이동하며 살아왔다. 오랜 세월을 거쳐 오는 동안 방랑 생활에 잘 적응한 종족들만

이 살아남았으며 유랑민들이야말로 불에서 예술에 이르기까지, 글자에서 야금술에 이르기까지, 농경에서 음악에 이르기까지 모든 문명의 토대를 발명한 사람들이고 이들에게 역사의 맨 윗자리를 되찾아주어야 한다고 말한다. 자크 아탈리는 결국 살아남기 위해서, 또 생존하고 번성하기 위해서는 계속 움직여야 한다고 주장한다. 다양하고 끊임없이 변화하는 환경에 효과적으로 적응하는 것, 포용하는 것이 생존과 번영의 열쇠라는 것이다.

대인관계가 그렇다. 까다로운 사람보다는 아무래도 너그러운 사람 주위에 사람들이 더 몰리기 마련이다. 인정사정없이 원리원칙만 앞세워서 사소한 것까지 따지고 단죄하려 들면 사람들은 등을 돌리게 된다. 특히 깨끗하게 살고 싶은 마음이 도를 지나쳐서 남을 차별하고 배척하고 적대시하는 데까지 나아가면 그것은 독극물과 같이 위험하다. 남들에게만 해를 끼치는 것이 아니라 자기 자신에게도 심각한 해를 끼친다.

조직도 비슷하다. 구성원들을 너무 매끄럽고 두루뭉술하게 만들려고 하는 조직이 많다. 이런 조직에서는 다른 사람들보다 소위 스펙이 뒤떨어지거나 거칠다 싶은 사람은 일단 받아들이지 않는다. 어쩌다 받아들여도 금방 닳고 닳아서 매끈해지지 않으면 계속 버틸 수 없다. 이런 조직은 얼핏 보기에는 그럴싸할지 모르나 높은 탑이 되기는 어렵다. 어쩌다 높이 쌓아졌더라도 외부의 충격에 금방 허물어진다. 돌탑을 쌓으려면 돌들의 아귀가 잘 맞아야 하는데 돌들이 매끄럽거나 두리뭉실하면 좋지 않다. 세모, 네모 등 각이 나거나 거칠거칠한 돌들이 오히려 잘 쌓아진다.

포용은 거칠고 모양이 다른 돌들을 쌓은 것처럼 차이를 받아들이고 여유 있게 기다리는 것이다. 사람들은 자기와 다른 차이를 발견하면 위협을 느끼고 자신을 지키고자 문을 닫아걸고 상대를 무시하거나 배제하려고 한다. 그런데 현명한 사람들은 차이를 발견하면 그것을 가능성이자 기회로 인식한다.

다른 의견에도 귀는 열어두어라

미국의 대형 자동차회사인 포드자동차에서 발생한 일이다. 1990년대에 포드자동차는 희귀 금속인 팔라디움의 가격변동이 심해서 위험이 크다고 생각했다. 팔라디움은 자동차 회사에서 배출가스 제어장치, 점화플러그, 촉매제 등으로 사용되기에 수요가 아주 많다.

구매 부서가 생각하기에 위험을 줄이기 위해서는 가격을 안정시켜야 했다. 그래서 선물거래를 이용하여 일정한 가격으로 장기적인 공급받을 수 있는 계약을 체결했다. 그런데 연구개발 부서에서도 똑같이 팔라디움 가격의 변동으로 인한 위험을 줄이겠다고 생각했다. 문제를 해결하는 방법이 달랐다. 그들은 차량의 설계를 변경해서 팔라디움의 사용량을 대폭 줄인 것이다. 동일한 기업체에서 구매부서는 선물거래, 연구 부서에서는 성능 향상으로 각각 해결책을 마련하여 시행하였다. 부서간의 소통이 없었다.

2001년 국제적인 금융위기의 영향으로 시장에서 팔라디움의 가격이 급격히 하락했다. 구매 부서가 이미 구매한 가격보다 시장가격은 훨씬 하락했고, 사용량은 확보 물량보다 대폭 줄어든 것이다. 다 쓰지도 않을 팔라디움을 시장가격보다 훨씬 높은 가격으로 잔뜩 사놓은 꼴이었다. 포드자동차는 이로 인해 10억 달러 이상의 손실을 보았다. 팔라디움의 가격만 염려하는 것은 최선을 다하는 것이라고 할 수 없다. 어떤 문제에 대해서 최선을 다하는 것은 관련된 모든 변수와 상황 요인을 고려해서 최적의 결과가 나오도록 애쓰는 것이다.

그런데 주어진 문제를 일차원적으로 생각해서 오직 하나의 변수로 문제를 해결하려고 하면 답은 해당 변수의 한쪽 끝에서만 찾을 수 있다. 실제로 다가올 위험에 대해 더욱 다양하고 정확히 평가하며, 주변의 다른 의견을 모으고 그들의 목소리에 귀를 기울이려는 노력이 절실하게 필요하다.

친분이 오히려 성과를 낮춘다

자금을 공동으로 출자해서 주식에 투자한 클럽의 성과에서도 참고가 되는 사례가 있다. 한 투자 클럽은 몹시 사교적이었다. 구성원끼리 자주 만났고 친분도 아주 두터웠다고 한다. 그런데 수익률은 최악이었다. 가장 높은 수익률을 기록한 곳은 사교적 관계가 친밀하지 않은 사람들로 구성된 모임이었다. 논쟁의 다소가 차이를 만들었다.

사교적인 모임에서는 치열한 논쟁이 성사되지 않았다. 다른 의견을 냈다가 친분이 깨질 것을 우려했기 때문에 이들 사이에서는 의견이 한쪽으로 쏠리는 현상을 보였다. 논쟁을 승부로 생각하기 때문에 다른 의견을 제시할 수 없던 상황이었다. 오히려 친분이 없는 사람들이 모여 만든 클럽은 친분이 깨질 것을 걱정하지 않아도 되는 사이기 때문에 의견이 다를 때는 계속되는 논쟁을 했다.

서로 자기의 논점을 보강하기 위해 많은 조사를 하고, 좀 더 설득력 있는 논리를 제시하려고 노력을 하기 때문에 그 과정에서 전체 클럽이 얻는 것이 많았다. 우리가 의사결정을 할 때는 논쟁이 이루어져야하며 논쟁을 통하여 좋은 의견이 채택될 수 있다. 그 과정에서 차이와 다양성에 대하여 받아들일 수 있는 포용의 자세가 매우 중요하다.

각 나라의 문화나 전통, 관습은 각각 옳고 그름의 문제가 아니다. 서로 다른 것이다. 모두 나름대로 합리성을 갖추고 있다. 그 나라 사람들에게조차 비합리적으로 여겨지는 것이라면 관습으로 자리 잡지도 못했을 것이다. 국제적인 협상을 하는 사람이라면 그것들을 존중하고 그 맥락을 이해해야 한다. 이상하게 보인다면 아직 그 나라에 대해서 제대로 모른다는 사실이 증명되는 꼴이다.

이해하기 쉽도록 국제간의 예를 들었는데 한 국가로 범위를 축소하여 사람과의 관계에 적용하면 된다. 상대방을 설득하기 위해서는 더욱 많은 정보가 필요하다. 기본적으로 상대방을 인정하고 다름을 이해하며 의견이 다를지라도 논쟁을 통해 긍정적인 결과를 얻을 수 있음을 잊지 말자.

< 진정성 >
가면 벗기, 솔직해져야 한다

나는 과거 은행원으로 근무하면서 신뢰를 아주 중요하게 여겼다. 은행이라는 기관도 신뢰가 없으면 존립할 수 없다. 은행은 고객이 맡긴 예금을 바탕으로 대출을 발생시켜 수익을 발생시킨다. 은행을 신뢰하지 않으면 누가 소중한 자산을 은행에 맡기겠는가? 덤으로 은행원도 신뢰를 받았다.

어느 날 옆에 있는 동기와 논란이 있었다. 과연 은행원이 처음 방문한 가게에서 외상이 가능한가에 관한 얘기였다. 그 당시에는 신용카드 없는 시대였다. 당장 그날 저녁에 테스트해 보기로 했다. 지갑에 현금이 있었으나 술의 힘을 빌려 연기했다. 내 성격에 정상적인 상태에서 가능한 실험이 아니었다. "사장님, 두 사람이 착각해서 돈

을 사무실에 두고 명함만 가지고 왔는데 외상이 가능할까요?" 여사
장님은 술기운으로 얼굴이 빨간 양복 차림의 나를 위에서 아래로 살
펴보더니 명함을 받아 주었다. 사람 보는 안목이 뛰어난 사장님 덕
분에 그날 외상 술을 마셨다. 이후 몇 차례 그 친구와 동행하여 이용
한 기억이 난다. 직장생활에서 오랜 습성은 퇴직 후에도 신뢰를 중
요한 요소로 여긴다.

 '신용'할 것인가, '신뢰'할 것인가. 신용이란 상대가 가진 조건을 믿
는 것이다. 예를 들면, 은행에서 돈을 빌릴 때 은행은 당연하게 조건
없이 돈을 빌려주지 않는다. 부동산이나 보증인 같은 담보를 요구하
고 그 가치에 맞게 금액을 대출해 준다. 한편 신뢰는 아무런 조건이
없이 사람을 믿는 것이다. 그 사람이 가진 '조건'이 아니라 그 사람
자체를 믿는 것이다. 물질적 가치가 아닌 인간적 가치에 주목한다고
말할 수 있겠다. 용어의 혼란이 좀 있지만, 은행에서 말하는 신용대
출은 여기서 이야기하는 신뢰대출이다. 사람 자체. 즉, 상대방의 진
정성을 믿고 취급하는 대출이다.

 우리 사회에 심심치 않게 갑질 논란이 벌어진다. 왜 이런 일이 사
라지지 않을까? 심리학자 대처 켈트너와 그의 동료들은 다음과 같은
실험을 했다. 학생 세 명을 모아놓고 이 중 두 사람에게는 짧은 정책
보고서를 쓰게 했다. 그리고 나머지 한 사람에게는 보고서를 검토하

고 그들에게 지급할 비용을 결정하게 했다. 일정 시간이 지난 뒤 연구자는 그들이 앉아있는 방에 쿠키 다섯 조각을 담은 접시를 놓고 나갔다. 진짜 실험은 여기서부터 시작된다. 보고서를 작성했던 사람들은 이른바 '을'의 위치에, 그리고 보고서를 검토했던 사람은 '갑'의 위치에 놓이게 한 것이다. 이제 그들은 다섯 개의 쿠키를 어떻게 나누어 먹게 될까? 연구자는 빈방에 남은 이 피험자들의 행동을 CCTV로 관찰했다. 그 결과, 보고서를 검토했던 갑의 위치에 있었던 실험자는 거침없이 두 개의 쿠키를 연거푸 먹었다. 분명 한 사람이 적게 먹게 될 것을 알고 있었을 텐데 말이다. 심지어 쿠키를 먹는 모습은 거만하고 게걸스럽기까지 했다.

켈트너는 사람들은 일단 권력을 갖게 되면 자기 욕구나 필요에 더 신경 쓰고, 타인의 욕구나 필요에 소홀하며, 타인이 따라야 할 규칙이 자신에게는 적용되지 않는 것처럼 행동한다고 결론 내렸다. 우리의 역할, 책임, 목표에 대하여 인식하고 생각하고 있지 않으면 자신이 가지고 있는 권력과 지위로 얼마든지 쉽게 무너질 수 있다는 것을 알아야 한다.

'진정성이 있다.'라는 말은 겉과 속이 다르지 않다는 것이다. 그리고 '자신이 누구인가?'와 관련한 질문에 따라 그에 합치된 삶을 살아가는 일이다. 자신의 약점과 수치심을 인정하고 이를 드러낼 수 있는 용기가 진정성이다. 진정성은 다른 게 아니라 '있는 그대로의 자신을 받아들이는 습관'이다. 자신의 모습을 담백하게 드러냄으로써 자기를 통제하는 것이다.

진정성이 제품보다 중요한 이유

국내에 많은 프랜차이즈 가맹점을 보유한 석봉토스트도 창업 당시 리어카에서 토스트를 판매하는 작은 소상공인이었다. 석봉토스트 대표는 찾아오는 사람 한 명 한 명에게 진심으로 친절을 베풀었다. 그 덕분에 1.5평의 토스트 제조 공간은 리어카를 벗어나 큰 기업으로 성장했다.

국내 커피숍에서는 주문을 기다리는 동안 손님 손에 진동벨을 쥐여준다. 손님이 커피숍에 들어와서 주문을 완료하기까지는 직원과 이런저런 대화를 나누는 것이 가능하다. 거래를 위해 반드시 거쳐야 하는 상투적인 대화 내용이다. 즉, "이건 어떤 음료예요?", "저 손님이 마시는 커피가 이 메뉴인가요?" 등 점원과 나누는 대화는 일정한 범위 내에서 제한적이다. 주문한 음료값을 지급하면 진동벨부터 먼저 받게 되는데, 이 진동벨을 받아든 순간 손님과 커피숍 직원과의 대화는 더 이어지지 않는다. 진동벨을 손에 쥐여주는 국내 커피숍 문화와 석봉토스트는 대조적이다. 석봉토스트 성공은 창업 당시부터 손님과의 대화를 중시한 결과이다. 고객을 대하는 진정성의 차이를 사람들은 알 수 있다.

안정과 익숙함의 모순

신경학자들의 연구에 의하면 쥐에게 불규칙하게 먹이를 주면 쥐는 과도한 스트레스를 겪는다. 설령 충분히 먹을 수 있는 먹이가 있다 하더라도 다음 식사가 언제일지 정확히 알지 못할 때 공포를 느낀다. 인간도 예외가 아니다. 우리는 고통스러울지라도 안전한 오두막에 머무르는 것이 낫다.

반란을 일으키고 만나는 위험보다 조직이 강제하는 질서와 규범에 복종하는 것이 훨씬 편하고 안전한 법이다. 배신의 위험을 안을 바에야 애초에 함부로 사람을 믿지 않는 것이 상책이고, 수년째 마음에 들지 않는 직장을 다니지만 그렇다고 뛰쳐나가는 모험을 시도할 필요는 없다.

그러나 사실은 여기에 진짜 위험이 있다. 안정과 질서를 구하고 패턴과 규칙을 찾을수록 우리는 그만큼 미래를 준비할 수 없다는 모순에 빠진다. 안전하다는 것은 분명 매력적이다. 그러나 그것은 현재의 익숙함이 만든 환영이지 행복과 성장을 계속해서 보장하는 것은 아니다. 우리 뇌는 안전하고 익숙한 것을 선호하지만 동시에 미지의 것에 주목하고 흥분한다. 우연과 불확실성을 인정하고 그 안에 뛰어들어 그것과 함께 살아가는 법을 배우고 알아야 행복이 찾아온다.

사람은 누구나 자신이 어리석고 용기 없는 사람이라는 것을 인정하려 하지 않는다. 우리는 자기 생각, 가치관이 무너지는 것과 같은 자기부정의 사건을 회피하도록 프로그래밍이 되어 있기 때문이다. 진정성 있는 삶을 산다는 것은 거짓이 될 수밖에 없는 자신을 연민하는 것이다. 그리고 그런 자신을 용서함으로써 두려움을 무릅쓰고 자신을 미지의 세계로 내보내는 것이다. 진정성을 실현하길 원한다면 우리는 그 미지의 관문으로 들어가 배움을 멈추지 않아야 한다. 우리는 언제나 현재만을 살 뿐이다. 진정성에 도전하기 위해서는 '미래'를 끌어안아야만 '지금 여기'가 열정과 변화의 뜨거운 순간이 된다.

사람들이 행복한 표정의 가면을 쓰고는 헤매고 있다. 두 손에 꽤 큰 돈을 쥐고 있는데 행복한 가면 뒤에선 눈물이 흐르고 있다. 외부 탓만 하는 건 자신에 대한 면죄부를 스스로 발급하는 어리석음이다. 우리는 자신의 단점, 모순을 타인에게 보이기 싫어서 자신도 모르게 여러 장의 가면을 겹겹이 쓰고 있다. 자신의 모습 그대로를 나타내어야

자신을 통제할 수 있고 성장과 발전의 길로 나아갈 수 있음을 알아야
한다. 진정성이 중요한 이유가 여기에 있다.

< 일과 휴식 >
잘 사는 인생은 일과 삶이 균형을 이룬다

나는 책에서 얻은 지혜를 일상생활에 적용하고 있다. 하루 일정표의 30%는 여백을 남겨두는 것이다. 숨 쉴 틈 없는 일정표가 자신의 능력을 나타낸다고 생각한다면 착각이다. 뻗어가는 사람은 늘 여유가 있다. 30% 정도를 비워둔다면 그 여백을 다음 씨앗을 뿌리기 위한 활동으로 채울 수 있다. 그것을 나는 상담 활동에서 경험하였다.

중고등학교에서 학교 부적응학생이 발생하면 교육청을 통하여 상담이 연결된다. 다수의 상담사가 있으나 갑작스러운 일정에 맞출 수 있는 상담사에게 결국 연결이 된다. 부적응학생은 수시로 긴급하게 발생할 수 있기에 상담사들은 시간적 여유를 가지고 있어야 한다. 나에게 상담 요청이 오면 거의 가능하다는 답변을 한다. 다른 일도 하고 있지만 내 일정표의 30%는 여유를 두었기에 가능하게 된 비결이다. 그렇게 일정표에 여유를 유지해 오다가 최근에 문제가 생겼다. 책을 쓰면서 일정이 빠듯하다 보니 30% 규칙을 어기게 된 것이다. 눈에 무리가 갔는지 눈 핏줄이 터졌다. 출판사에서 주 1회 회의를 하는데 출판사 대표가 내 눈 상태를 보더니 건강을 살피면서 홍삼액 1통을 건넸다. 홍삼의 효력도 있었고 균형을 유지해야 한다는 노력으로 다시 정상적인 몸 상태를 돌아올 수 있었다.

과연 한국인들은 잘 노는가? 놀이와 노동 사이의 균형이 있는가? 사실 한국의 도시 어디를 가도 만나기 쉬운 수많은 음식점과 술집, 노래방 등은 '한국인이 잘 논다.'라는 것을 증명하는 것처럼 보인다. 하지만 이를 달리 보면 일과 삶의 균형, 노동과 놀이의 균형이 제대로 잡혀 있지 않기 때문에 술과 노래로 격렬하게 스트레스를 풀어내려는 것이 아닐까?

한국이 세계에서 양주를 가장 많이 소비하는 나라라는 뉴스도 있지 않던가. 독한 양주만으로도 모자라 더 빨리 취하려고 술을 섞어 '폭탄주'를 마시는 것도 결국 스트레스를 '효율적으로' 풀어내려는 나름의 노력이 아닐까 싶다. 삶에 있어 노동과 놀이를 비롯한 휴식이 균형을 이루어야 한다.

균형은 문제를 해결하는 시점에서도 필요하다. 현재 문제의 원인이 무엇인지 탐색하다 보면 '나는 변한 것이 없고 예전과 같이 행동하는데 왜 지금은 힘든 걸까?' 하는 의문이 든다. 그런데 문제의 원인은 이전과 같이 행동하려 한다는 데 있다. 달라진 상황의 요구에 적절하게 대응하지 않고 이전에 효과적이었던 방식을 그대로 유지하는 것이다. 나에게 근본적인 문제가 있기 때문이 아니라, 과거와 같은 방식이 현재 상황에 적합하지 않다는 것이다.

정년 단축과 연장이 공존하는 세상

유럽 사회와 한국 사회가 확연히 다른 점 가운데 하나가 정년에 대한 태도이다. 흥미롭게도 유럽에서는 정부가 정년을 연장하면 시민이나 노동자들이 정년을 단축하라고 요구한다. 연금을 받으며 자유롭게 살고 싶기 때문이다. 정부가 재정 적자를 줄이는 방법으로 연금 수령액을 줄이거나 지급 시기를 늦추기 위해 정년을 늘리려고 할 때마다 대중들은 광장으로 몰려나와 분노를 표출했다. 이들은 지긋지긋한 노동을 그만하고 여유로운 삶을 즐기고자 하는 욕구가 대단히 크다. 물론 이것은 상대적으로 양호한 연금 제도가 갖춰져서이긴 하지만, 그것 때문만은 아니다. 노동을 대하는 근본적인 태도가 우리나라와는 전혀 다르기 때문이다.

한국인은 가능하면 정년을 늘려달라고 한다. 만 60세인 정년을 만

65세로, 심지어 아예 정년을 없애자는 이들도 있다. 사실 70대 노인조차 취업을 원하는 경우가 갈수록 늘고 있고 80대도 구직 등록을 할 정도다. 최근에는 이런 경향을 반영하듯 정년을 연장하는 대신 임금을 줄이는 방향으로 노사가 타협을 보는 일도 많다 '임금피크제'가 대표적이다. 퇴직 이후에 삶의 보람이나 여유를 누리며 살기 위해 인생을 재설계하는 것이 바람직하다. 그러나 한국인은 계속해서 일하려 하거나 돈을 더 많이 벌어야 한다는 강박에 중심이 실려 불균형상태에 있다.

삶의 우선순위나 일에 대한 태도도 다르다. 한국인들은 일자리를 삶의 최우선순위로 꼽았지만, 미국인과 독일인은 가족을 위한 시간을 꼽았다. 또 "생활에 충분한 돈이 생기면 일을 그만둘 것인가?"라는 질문에 한국인은 25%가 그렇다고 하였고, 미국인의 59%와 독일인의 43%가 그만둔다고 답했다. "일터에서 편안함을 느끼는가?"라는 질문에는 긍정적인 답이 한국은 40%, 미국은 29%, 독일은 20%로 확연한 차이가 났다.

균형에는 100%가 없다

한 생물학자가 개미 무리의 80%는 성실히 일하고, 나머지 20%는 이곳저곳을 돌아다니기만 할 뿐 일을 하지 않고 게으름을 피운다는 사실을 발견했다. '게으른 개미 효과'이다. 식량 공급자가 사라지거나 개미집이 파괴됐을 때 부지런한 개미들은 속수무책 상태가 되었다.

오히려 게으름을 피우던 개미들이 미리 정찰해둔 새로운 식량 공급자에게 무리를 인도했다. 게으른 개미들이 사라지기라도 하면 온 개미 무리가 혼란의 도가니에 빠졌다. 부지런함도 중요하지만 게으름도 상황에 따라서는 중요성을 발휘할 때가 있으므로 함부로 비난할 게 아니라는 점에서 반전을 생각하게 된다. 치우침보다는 균형을 우호적으로 표현했다.

중년들에게 중요한 고민 중 하나가 부부관계이다. 이성과 감정의 균형에 관하여 이야기해보자. 부부관계는 비판과 분석이 아니라 따뜻한 감정을 교류하고 지지하는 것이 중요한 관계이다. 아내의 말을 이성적 관점에서만 보면 문제 해결에 도움이 되지 않고 자기변명에 불과하다. 감정적 관점에서 보면 아내는 정서적 안정에 필요한 남편의 지지를 구하려는 경향이 있다. 합리성이 아무리 우수한 덕목이라고 해도 사고와 감정 간의 적당한 균형을 잃고 합리적인 면만 치우치다면 부부간의 중요한 덕목인 감정교류는 잃게 된다. 따뜻한 감성과 조화를 이룰 때 당신의 냉철함이 비로소 매력적일 수 있다는 것을 기억하자.

새로운 시도는 만족스러운 결과가 나타나고 나에게 익숙해지기까지 시간이 걸린다. 균형을 맞추기 위해서 이전에 하지 않던 행동을 시도해볼 때, 처음부터 성공적인 결과를 얻기는 어렵다. 결과는 기대했던 수준에 이르지 못하지만, 그 행동을 시도하기 위해서 의지를 갖고 노력을 기울인다. 그 과정에서 얻는 작은 변화와 만족감은 자신만이 안다.

'나는 이런 사람인데, 이렇게 행동해도 될까요?' 하는 검열은 자신을 틀 안에 가둔다. 나의 한계를 정해놓으면 움직임의 폭이 좁으니 환경의 변화에 따라 움직여서 균형을 맞출 수 있는 여지도 좁아진다. 현재의 난 아직 완성형이 아니다. 여전히 나는 살고 있고 현재의 경험 들을 통해 확장되고 변화해갈 여지가 있다. 그 여지를 스스로 닫아 버리면 균형을 찾아가는 것이 어렵다.

지금은 환경이 급격히 변화하고 발전하고 있다. 따라서 나를 포함한 모든 사람들의 욕구와 희망도 변화하고 부풀어 오른다. 자연히 균형이 깨지기 마련이다. 세상은 날로 발전하고 성장하기에 오늘은 과거와 분명히 다르다. 균형이 깨지는 건 불가피하다. 삶은 끊임없이 균형을 잃었다가 찾아가는 과정이다. 균형이 일시적으로 깨어질 수 있지만 빨리 균형을 회복해야 인생이 흔들리지 않는다.

06

'뉴셋'에서 삶을 180도 바꿔줄 도구를 찾는다

< 삶의 기준 >
내 삶의 기준이 무기가 된다

사람들은 자신을 위해 산다고 이야기한다. 나도 그렇게 생각했다. 그런데 직장생활을 하는 중간에 반전이 일어났다. 내가 은행원으로 근무할 때 은행 자체적으로 실시하는 봉사활동 행사에 참여했다. 기업이 사회에 대한 책임 등의 명분으로 정기적인 봉사활동은 휴일 오전에 했다. 시행 초기에는 내가 처음 겪어보는 봉사 경험이며 휴일을 온전히 보내는 데 지장이 있어 불만이었다. 그러나 차츰 익숙해지면서 자연스럽게 생각에 변화가 생기고 보람도 느끼게 되었다. 퇴직 후에는 타인을 위해 봉사한다는 게 당연하게 여겨져 적극적으로 참여했다. 직장에서의 반복된 연습이 몸을 익숙하게 만들었고 생각까지도 굳게 자리 잡혔다.

"왜 살아야 하는지를 아는 사람은 어떤 상황도 참고 견뎌낼 수 있다." 독일의 철학자 니체의 말이다. 니체는 삶의 목적이 있어야 살아갈 수 있음을 얘기한다. 한 TV 프로그램에 충무로에서 50년 동안 가발을 만든 장인이 출연했다. 기계가 아닌 수작업만을 고집하는데, 그 이유는 실제 머리 같은 느낌을 줄 수 있기 때문이란다.

직접 한 올 한 올을 심는 작업을 하다 보니 하나의 가발이 완성되기까지 무려 9시간이 걸린다. 산업발달로 기계가 사람을 대신하는 시대라지만 오랜 시간 세심하게 주의를 기울이고 정성을 다하는 장인의 모습에서 그의 삶에 대한 태도와 의미를 느낄 수 있었다.

힘들지만 내가 중요하게 생각하는 바를 행동으로 옮기는 것이야말로 의미 있는 인생이 아닐까? 거기에 자신의 정성을 알고 찾아주는 고객들이 있으니 더욱더 보람을 느끼고 힘든 시간을 버틸 수 있는지도 모르겠다. 인생에 의미를 지닌다는 걸 대단하고 거창해야 한다고 생각을 하는 사람들이 많다. 삶의 목적일 수도 있고 의미가 될 수도 있지만, 대단한 것이 아니어도 괜찮다는 사실을 알 수 있다.

돈으로 삶의 질을 높이려면 궁리해야 한다

돈으로 행복을 살 수 있을까? 행복 경제학 연구자들이 답을 찾고 있는 핵심 질문이다. 초창기 행복 경제학에서 금과옥조처럼 여긴 이론은 이스털린 역설이다. 미국 경제학자 리처드 이스털린은 제2차 세계대전에 패망한 뒤 급속한 경제발전을 이룬 일본사람들의 삶에 대한 만족도를 분석했다. 1950년부터 1970년까지 인당 소득은 7배 증가하였으나 삶에 만족하는 일본인은 많지 않은 것으로 밝혀졌다. 부유해졌지만 행복해진 것은 아니었다.

벨기에 심리학자 조디 큐오이드바흐 주도하에 여러 나라 학자가 참여한 공동 연구에서 부유한 사람일수록 살아가는 재미를 만끽하는 능력이 부족하다는 결과가 나왔다. 2010년 〈심리과학〉 6월호에 발표한 논문에서 돈이 많으면 가장 비싸고 귀한 것들만 소유할 수 있지만, 돈이 끝내 사소한 행복을 누릴 수 있는 능력을 파괴한다고 주장했다. 요컨대 돈은 두 가지 얼굴을 갖고 있다는 뜻이다. 돈으로 욕망을 채우고도 삶의 잔재미를 느낄 수 없는 까닭은 일상생활에서 행복을 갈망하는 수준이 갈수록 높아지기 때문이라고 설명되기도 한다.

돈으로 삶의 질을 윤택하게 하는 방법을 궁리해서 실천할 것을 권유한다. 이를테면 가족과 여행을 자주 떠나거나 이웃의 가난한 사람들에게 아낌없이 기부하면서 얼마든지 행복감을 맛보면 된다. 어쨌거나 돈을 잘 활용해 행복한 나날을 보낼지 아니면 돈의 노예가 되어 피곤한 삶을 살 것인지는 당신의 선택에 달렸다.

즐거움, 감사, 희망, 자긍심 등 긍정적인 정서가 부정적 정서에 대한 비율보다 높을수록 행복한 삶이 비례한다고 할 수 있을 테지만 반드시 바람직한 것만은 아니라는 반론도 제기된다. 긍정적 정서가 지나치면 경솔하게 행동할 가능성도 크다는 것이다. 삶의 만족도가 10점 만점이라면 7~8점 정도 행복을 누리는 게 알맞다는 뜻이다.

삶의 황금기는 65세에서 75세까지다?

의미 있는 삶에 대하여 사람들은 언제쯤 생각을 하게 될까? 누구나 쉽게 이야기하기 어려울 것이다. '어느 정도 경제적인 기반이 마련된 이후가 아닐까?'라는 생각을 했었는데 이를 새롭게 할 만한 메시지가 있어 소개한다.

"나이가 드니까 자신과 내 소유를 위해 살았던 것은 다 없어집니다. 남을 위해 살았던 것만이 보람으로 남습니다. 만약 인생을 되돌릴 수 있다면? 60세로 돌아가고 싶습니다. 젊은 날로는 돌아가고 싶지 않아요. 그때는 생각이 짧았고, 행복이 뭔지 몰랐으니까요. 65세에서 75세까지가 삶의 황금기였다는 것은 그 나이에야 생각이 깊어지고, 행복이 무엇인지, 세상을 어떻게 살아야 하는지를 알게 되었기 때문입니다. 남을 위해 살았던 것이 남는다."라는 철학자 김형석 교수의 메시지가 있다.

이스라엘에는 두 개의 내해(內海)가 있다. 하나는 갈릴리 호수이며 또 하나는 사해이다. 갈릴리 호수는 헤르몬 산에서 발원한 물을 받아들이고 있다. 그러나 사해처럼 그냥 물을 모아 두지는 않는다. 갈릴리 호수로 흘러간 물은 요르단강을 지나 사해로 들어간다. 한편 사해는 물이 흘러나가는 강을 지니고 있지 않다. 받아들인 것은 모두 자기 것으로 만들어 버리고 만다. 갈리리 호수는 받은 것만큼 남에게 주기 때문에 언제나 생기가 넘치고 있으며 사해는 모든 것을 자기 것으로 만들어 버리기 때문에 생물이 살지도 않고 가까이 오지도 않는다고 생각한다. 모든 것을 자기 것으로 만들려고 해서는 곤란하다. 사람들은 남보다 앞서 나누어 주려고 하는 사람의 주위에 모여든다. 나누어 준다는 것이 중요한 일이라는 사실을 우리에게 알려준다.

사람은 나이가 들수록 점점 더 '의미'를 찾는 일에 초점을 맞춘다. 그리고 다른 사람에게 이득을 주는 행동을 통해 그 의미를 많이 찾으려고 한다. 최적의 직업 고려사항 중에 가치관과 흥미라는 요소가 의미와 연관성이 있다. 이를 마음속에 새겨두자. 정기적으로 의료검진을 받는 것처럼 1년에 한두 번씩은 잠시 멈춰서서 자신이 살아가고 있는 현재의 삶이 의미가 있는지, 행복한지 그리고 살아남아 있을 가치가 있는지를 성찰하라.

< 자존감 >
칭찬 한마디에 두 달을 더 산다

나는 과거에 문제가 생기면 머릿속으로 해결했다. 단순하게 끝이 난 것처럼 보였다. 그런데 얼마 지나지 않아 유사한 문제가 또 발생한다. 근본적으로 문제가 완전히 해결되지 않았던 것이었다. 어느 날 우연히 책 속에서 해결 방안을 찾을 수 있었다.

책의 조언은 문제의 발단, 중간과정과 결과를 순서대로 글로 써보라는 것이었다. 그러면 전체를 한눈에 파악할 수 있고 문제의 원인을 명확히 파악할 수 있으며 다양한 해결 방안을 쉽게 찾아낼 수 있다는 팁이 적혀 있었다. 책을 읽은 이후에 내가 응용을 해본 결과 만족스러운 수준이었다. 문제의 원인이 나에게 있었는지, 상대방에게 있었는지 또 다른 3자에게 있었는지를 글로써 표현해보면 확연하게 파악할 수 있고 거기에 상응하는 해결책도 마련할 수 있다. 또 글쓰기가 누적되어 책쓰기가 되면 자신의 자존감이 높아질 수 있다. '작가'라는 호칭이 나에게 미치는 효과를 경험했다. 진정한 작가가 되기 위해 많이 노력하고 있다. 아직 갈 길이 멀지만 만나는 상대방에게 우연히 책을 썼다고 이야기하면 감탄사가 먼저 나온다. 그 순간 내면으로부터 올라오는 자존감을 나는 확실히 느낄 수 있었다. 이처럼 글쓰기는 여러 방면으로 유익하다.

'자존감'이라고도 부르는 '자아존중감'은 미국의 의사이자 철학자인 윌리엄 제임스가 1890년대에 처음 사용했다. 자존감은 자신이 사랑받을 만한 가치가 있는 소중한 존재이고 어떤 성과를 이루어 낼 만한 유능한 사람이라고 믿는 마음이다. 자신의 기본적 능력과 가치를 경험할 때 느끼는 마음가짐을 말한다.

자존감을 높이는 방법은 여러 가지가 있다. 내가 읽은 책에서는 이렇게 얘기한다. 첫째, 글 쓰는 시간을 갖는다. 우울하면 인지 능력이 떨어지는데 그렇게 되면 감정 기복도 심해지고 무슨 일이 생겼을 때 그 일을 객관적으로 판단하기 어려워진다. 머릿속이 복잡하고 생각이 많을 때는 그것들을 적어보는 것만으로도 생각을 제대로 마주하고 상황을 정리할 수 있다. 문제를 두뇌로만 해결하기에는 어려움이 많다. 둘째, 스스로 친절하게 대해준다. 당신이 힘들어하는 친구에게 말을 건네준 그 따뜻한 마음으로 아니, 그 반만큼이라도 나를 친절하게 대해주자. 힘든 일이라도 친구에게 일어난 일이라면 우리는 대부분 위로를 하려고 노력한다. 그런데 내게 일어난 일이라고 하면 좀처럼 자책에서 벗어나지 못한다.

우선 나에게 관심을 가져보자. 무엇을 원하며 무엇을 받길 원하는지. 셋째, 독서를 통해 문제를 해결한다. 문제가 있으면 이에 대한 답도 반드시 있다. 답이 없는 문제라면 문제 자체를 다시 정의 내리면 된다. 넷째, 롤모델를 찾아서 그 사람처럼 생각하고 행동하고 말해보는 것이다. 다섯째, 언어를 긍정적으로 바꾸어 보자. 해답이 되지 않을 수 있다. 그러나 방법이 생각나지 않거나 어쩔 바를 모르는 사람들에게는 도움이 될 수 있겠다. 전혀 엉터리는 아니기 때문이다.

상대방의 문제를 자신에게서 찾는 사람

친구, 부모님, 연인 등 주변 사람들이 짜증을 내거나 심기가 불편한 기색을 보이면 당신은 어떻게 반응하는가? '이 사람에게 무슨 일이 있었나?' 하고 상대를 걱정하거나 분석하는 사람이 있고, '내가 뭐라도 잘못을 했나?' 하면서 자신이 했던 말이나 행동을 돌이켜보며 실수를 걱정하는 사람도 있다. 당신은 둘 중에 어느 쪽에 해당하는지 스스로 생각해보자.

자신이 없는 사람은 대개 나에게서 원인을 찾으려고 한다. 그렇지만 대부분 원인은 상대방에게 있다. 누군가에게서 야단을 들었거나 누구와 싸움이 일어났든지 등 여러 가지 원인이 있을 테지만 모두 그 사람 사정이다. 내가 상대방에게 불편감을 줄 가능성도 있지만, 자세히 살펴보면 상대의 심기가 불편하도록 일으킨 문제 소유자는 상대방이다. 따라서 그 문제는 그 사람이 해결해야 한다. 내가 걱정할 일이 아니다. "그냥 너는 너의 의사를 전달하면 되는 거야. 상대가 어떤 반응을 하면, 저 사람은 저걸 그렇게 받아들이는구나, 그 사실만 인지하면 돼, 상대의 감정까지 네가 떠안을 필요 없어." 우선시해야 하는 내 마음과 감정을 제쳐둔 채 타인의 반응과 평가에 더 민감하게 반응하며 나를 지켜주지 않는 것이다.

친구와 함께 식당에서 식사하고 친구가 평가를 이야기했을 뿐인데 나에게 욕을 하거나 내 의견을 부정한 게 아닌데 나는 나쁜 쪽으로 반응을 한다. 상대가 누구든 아무 때나 나쁜 방향으로 반응하는 버릇이 생겨서 항상 자신 없는 상태가 되고 만다. 상대가 별 뜻 없이 한 말과 행동에도 불안해지고, 소심해지고, 부정당한 기분이 들고, 상처받고, 스스로를 미워하게 된다. 상대가 짜증을 내고 불쾌한 기색을 보였을 때 '혹시 나 때문인가?'라는 생각이 든다면 이렇게 자문해 보자. '내가 나쁜 쪽으로 반응하고 있는 게 아닐까?'

잊고자 노력하면 더욱 생각난다

긍정적으로 바꿔보는 예를 들자. '나는 그 사람처럼 되고 싶지 않다.' 이렇게 생각하면서 그 사람처럼 되지 않으려고 온 힘을 다해 노력한다. 그러다 보니 나의 고유 장점이나 힘까지 잃어버린다. 여기서 '그 사람'은 자신 가까이에 있거나 자신이 직접 경험한 사람들 가운데 있다. 그리고 주변에서 그 사람 같은 사람을 볼 때마다 분노를 느낀다. 그뿐만 아니라 '그 사람처럼 되면은 안돼'라고 생각하게 된다.

이때의 목적은 '그렇게 되지 않는 것'이다. 마찬가지로 '절대 하지마'라고 금지하면 더 쉽게 어긴다. 다들 경험해 보았겠지만 긴장하면 안 된다고 자꾸 생각할수록 더더욱 긴장하는 법이다. 그럼 어떻게 해야 할까? 반대로 하면 된다. "나는 그 사람처럼 돼도 괜찮아"라고 말하는 것이다. '그러다가 정말로 그렇게 되면 어떡하나?' 단순하게 비교해 보자. 고민하고 긴장하면서 이루어지는 것과 마음 편하게 지내다가 잘못되는 경우 어느 쪽이 나은지. 되기 싫다고 생각하면 더더욱 그렇게 된다는 사실을 명심하자.

답은 내 안에 있다. 문제는 내게 벌어진 일이 아니라 자기 마음속에 일어나는 반응이다. 이 반응을 깨닫고 멈춤으로써 문제가 사라진다. 하나의 틀이나 단어 안에 나를 맞추지 않아도 괜찮다. 세상이 규정한 대로 살아가지 않아도 된다. 어떤 방향을 따라가든, 어떤 모습을 선택하든 나의 아름다움을 의심하지 않았으면 좋겠다. 스스로 당당한 사람만큼 근사한 사람도 없다.

아이의 행복을 바란다면 먼저 팔을 벌려 안아주어야 한다. 먼저 말을 걸고 웃어주고 대화를 나누어야 한다. 다그치기 전에 너를 사랑한다고 말하고 칭찬해 주어야 한다. 그럴 때만이 아이는 변화할 수 있다. 자신감을 가지고 자기 인생을 살아갈 수 있다. 성인도 마찬가지다.

< 유연성 >
마음이 유연해야 충격을 버틴다

나는 동이 트기 전에 집 뒤편에 있는 산 약수터를 찾는다. 약수터 주변에는 운동 시설이 설치되어 있고 공간도 있어 이곳을 이용한다. 산에 가기 위해서는 큰 대로변을 지난다.

어느 날, 앞에 한 사람이 가고 있었다. 나는 등산용 지팡이를 손에 쥐고 땅을 짚으며 걷는다. 따라서 당연히 앞서가는 사람이 인기척을 느낄 것으로 생각하고 옆을 지나는데 앞사람이 깜짝 놀란다. "죄송합니다."라고 사과를 했다. 아마도 그분이 연세가 있다 보니 소리를 인지하지 못했던 것 같다. 이후에는 앞선 사람이 나를 인지하지 못한다고 판단 될 때에는 "반갑습니다."라고 먼저 인사를 한다. 옛날 어르신들이 왜 헛기침 소리를 하는지 이해가 됐다. 생각해 보니 타인의 영역으로 들어갈 때는 작은 신호 정도는 보내는 예의가 필요한 것 같다. 상대방은 경직된 마음 상태에 있을 수도 있기에, 유연한 상태로 전환되어야 깜짝 놀라거나 불편해하지 않는다. 잊지 말자. 상대방의 영역으로 들어갈 때는 반드시 깜빡이를 먼저 켜야 한다는 사실을 명심하라.

'죠스'는 긴장감을 자아내는 특유의 연출법으로도 유명하다. 상어는 보이지 않고 상어의 시선으로 곧 표적이 될 사람을 보게 된다. 사실은 이 '보이지 않는 상어'는 계산된 연출이 아니었다. 인공 상어가 예상과 달리 천천히 동작하여 긴장감을 느끼기에 부족하였고 고장이 빈번하였다. 악천후와 파도, 기계 상어의 고장 등으로 촬영작업이 연기되면 수백만 달러를 손해 보는 상황이었다. 결국에 스필버그 감독은 상어를 최소한 노출하는 것으로 결정하였다.

우리는 문제가 닥치면 그 문제를 해결하기 위해 집중한다. 스필버그 감독이 어떻게든 조악한 상어를 움직여보기 위해 애를 썼다면 이류 공포 영화가 탄생했을 것이다. 그러나 그는 발상 자체를 바꾸었다. 남과 다른 생각을 하는 것을 두려워하지 않는 힘, 이것이 그만의 특별한 강점이었다. 이 힘으로 그는 블록버스터 감독이 되었다.

마음도 마찬가지다. 당신이 사랑하는 사람에게 집착하고 그의 사랑을 확인하게 되면 행복해한다. 하지만 그의 사랑이 당신의 기대에 부응하지 못하면 당신은 금세 화가 나고 우울해진다. 하지만 진정한 사랑은 그렇지 않다. 사랑을 주기만 하기에 성공과 실패가 따로 있지 않다. 모두가 성공인 것이다. 유연한 마음이 사랑에도 적용되고 행복으로 가는 길이다.

끝까지 해내야만 인내심이 길러진다는 말은 거짓이다

무슨 일이든 한번 시작하면 끝까지 잘 해낸다는 칭찬을 주변으로부터 듣는다. 하지만 이런 특성은 오히려 득보다 실이 많다. 최근 청년층은 물론 중장년층에서도 '은둔형 외톨이'가 많이 증가했다. 어쩌면 이들은 '끝까지 노력하면 성공할 수 있다'라는 말을 믿고 아무런 의심 없이 노력했던 사람들이었을 것이다.

한 남성의 고민을 들어보자. "학창 시절부터 한 가지 아르바이트를 오래 해본 적이 없어요. 대학을 졸업하고 처음 입사한 회사도 1년을 못 버티고 그만두고, 그 후 아르바이트나 계약직으로 일해봤지만 무슨 일을 해도 재미가 없어서 금방 그만두게 되더라고요. 다른 사람들은 어떻게 그렇게 회사에 출근하는지 너무 신기해요. 그런데 막상 뭘 해보려 해도 하고 싶은 일도 없고 의욕도 없어요. 창업하거나 유튜버가 될 만한 재능도 없고요. 앞으로 뭘 하고 살아야 할지 앞이 깜깜해요."

'좋은 일'은 어디에나 적용할 수 있다. 금연을 예로 들어보자. 우선 금연에 성공했다면 이것도 좋은 일이다. 금연에 실패하고 다시 도전하게 되더라도 처음보다 두 번째 금연 기간이 더 길어졌다면 이 역시 좋은 일이다. 세 번째 금연 기간이 더 늘어나면 두말할 것도 없다. '작심삼일'은 절대 자신의 상태를 나타내는 적절한 표현이 아니라는 것을 알 수 있다.

우리는 자신도 모르는 사이에 일상생활에서 많은 일을 중간에 그만두고 있다. 그래야 일상생활이 가능하다. 그런데 굳이 끝까지 해내지 못한 일들에 집착해서 '작심삼일'이라는 말로 자책하고 자신을 부정하는 것은 바람직하지 않다. 무언가를 꾸준히 하기 위해 중점을 두어야 할 부분은 따로 있다. 자신의 기분이나 감정, 의지를 소중히 여기면서, 하고 싶다는 욕망보다는 '좀 더 하고 싶다'라는 부드러움으로 이어지느냐가 관건이다. 이를 위해 언제 든 그만둘 수 있는 내가 되어야 한다. 마음의 유연함이 필요하다.

자신의 마음과 상담하자

결과가 아닌 어떤 일을 한창 하는 '지금'에 초점을 맞춰보자. 좋아하는 일에 푹 빠져 있다가 문득 시간을 확인해보니 원래 하려던 시간을 훌쩍 넘긴 시간이었다면, 이 남성은 어떤 결정을 내렸을까? '좀 더 하고 싶지만, 내일 회사에 가야 하니까 이쯤에서 그만해야지.', '더 하고 싶지만, 오늘은 피곤하니까 다음에 또 해야겠다.', '오늘은 다른 약속이 있으니까 딱 한 시간만 해야지'. 아마도 이렇게 자신의 몸 상태나 마음과의 상담을 통해 중간에 그만두기로 결정할 것이다. 그가 자신의 마음을 기준으로 삼았기에 가능한 일이다.

게다가 이 방법에는 커다란 장점이 있다. 한창 즐거움과 재미를 느낄 때 그만두기 때문에 다시 시작하기가 마음속으로 매우 기다려지는 것이다. 자신도 모르게 꾸준히 하기 위한 최고의 방법을 실천하고 있던 셈이다. 매주 챙겨 보는 드라마가 완결되기 전까지 그 드라마가 방영되는 요일이 오기만을 기다리는 심리상태와도 닮았다. 긍정적인 감정의 여운이 다음 시간까지 이어지면 어떤 일이든 꾸준히 할 수 있다. 자신의 몸 상태와 마음을 무시하고, 자신을 부정하거나 억지로 채찍질을 해가면서 그만두지 않기 위해 애쓰는 거는 고통일 뿐이다. 그만둘지 말지를 결정할 때는 언제나 자신의 마음과 상의해서 판단하자.

전혀 모르는 타인의 영역으로 들어갈 때는 그에 걸맞은 의사 표현을 하고 예의를 갖추어야 한다. 그 한마디를 생략하면 심장이 약한 사람은 놀라 자빠질 수도 있고, 뭔가를 급하게 처리하고 있었던 사람들은 방해를 받을 수도 있다. 타인이 마음과 상의할 수 있는 여유를 주어야 한다.

사람들은 코로나19로 인하여 지금까지 겪지 못했던 상황을 경험하고 있다. 게다가 디지털시대와 더불어 세상은 급속하게 변하고 있어 매우 혼란스러워하며 당황하고 있다. 마음이 유연해야 변화의 강풍에 꺾이지 않고 시대에 잘 적응하며 마음의 상처를 덜 받을 수 있다.

< 감사 >
감사한 마음이 귀인을 부른다

당신이라면 누구에게 선물을 주겠는가? 당신에게 시큰둥한 사람과 신나게 반응해 주는 사람 둘 중에 말이다. 상대가 신나게 반응해 주면 감사한 마음이 생겨 힘이 난다. 이처럼 감사하기는 자기 사랑과 함께 매우 중요하다. 부정적인 사고를 긍정적으로 전환할 수 있는 가장 쉬운 실천 방법이 감사하기다. 더구나 감사하기는 자신의 에너지를 좋은 일들이 일어날 수 있는 방향으로 바꾸어 준다.

가진 것에 감사하면 행복해진다는 것은 심리학과 신경학 연구에서도 증명되었다. "감사하면 행복하게 된다."로 요약할 수 있다. 과학적으로 감사하는 마음은 뇌의 시상하부를 깨워 우뇌의 회백질을 개선해주는 효과가 있다. 회백질이 많을수록 감사의 태도를 실천할 가능성이 크고, 감사하는 마음으로 살아가는 사람일수록 세로토닌과 도파민(기분을 좋게 해주는 화학물질) 수치가 높다. 한마디로 감사는 전반적인 웰빙을 향상시키고 삶의 균형감 또한 키운다

행복은 분자인 성취와 분모인 기대감으로 구성

한 작가는 행복을 성취와 기대감으로 이루어진 분수로 설명했다. 만일 분자인 성취가 더 크다면, 삶에서 원하는 것을 충분히 이루고 행복할 확률이 높다. 하지만 분모인 기대감이 성취할 수 있는 것보다 더 크면 만족하지 못한다. 여기서 중요한 점은, 행복은 주관적인 경험이므로 분자와 분모의 크기를 스스로 결정할 수 있다는 사실이다.

'나는 어느 정도의 성취에 만족하는가?', '내가 자신에게 거는 기대는 성취할 수 있는 것들인가?' 행복해지고 싶다면 스스로 이런 질문을 던져봐야 한다. 왜냐면 우리는 과도하게 많은 것들에 욕심을 내며 살아가고 있기 때문이다. 그런 면에서 "마음을 비우면 더 큰 것을 얻는다."라는 경구는 우리에게 많은 울림을 준다. 더 큰 것이란 물론 행복과 평화이다.

감사하는 마음이 일으킨 반전

2015년 12월 20일 미스 유니버스 대회, 사회자의 실수로 왕관을 썼다가 다시 내려놓게 된 아주 황당한 일이 발생했다. 우승자에서 준우승자가 되어버린 미스 콜롬비아 아리아드나 구티에레스, 그녀의 인생 역전에 관한 이야기다. 그 당시 그녀는 당황한 표정으로 왕관을 우승자 미스 필리핀에게 넘겨주었지만 이내 의연했다. 그리고 이렇게 말했다.

"모든 일이 벌어지는 것에는 이유가 있다고 생각합니다. 제가 2등의 자리에 오를 수 있도록 투표해준 분들에게 감사드립니다. 이것으로도 충분히 행복합니다." 그리고 사흘 뒤에 자신의 SNS에 그 당시의 소감을 올렸다. 아쉬움을 토로하기보다 감사함을 전한 그 글이 12시간 만에 무려 150만 건의 '좋아요'를 받으며 큰 호응을 얻었다. 그런 해프닝이 있고 난 뒤, 그녀의 모국인 콜롬비아에서는 그녀를 국가적 영웅으로 떠받드는 분위기라고 했다. 앞의 경우처럼 안 좋은 일에도 감사했을 때 그 감사의 힘은 더 대단해진다. 꼭 좋은 일이어야만 감사할 수 있는 것은 아니다. 불행한 일이 다가오더라도 오히려 그것에 감사할 때 그 일은 더 감사한 일로 돌아오게 되는 법이다. 감사는 행복의 원천이지만 우리는 자주 감사를 잊은 채 기본적으로 부정적인 부분만 보려고 한다.

사람들은 종종 묻는다. "저는 열심히 살았습니다. 그런데 왜 이렇게 불행한 걸까요." 그렇다. 많은 사람들이 열심히 살아가고 있다. 열심히 산다는 것은 세상에 주어진 규칙을 잘 지키고 남을 배려하며 사는 것이다. 하지만 어느 날 문득, 그렇게 산다고 해서 항상 행복해지는 것은 아니라는 것을 깨닫고 실망한다. 상당한 규칙들이 자신보다는 다른 누군가의 이익과 특권을 보호하기 위해 만들어진 것임을 알게 된다. 이로 인해 우리는 어떤 제어할 수 없는 사회적 힘들의 손아귀에 잡혀 있는 듯한 느낌을 지니게 되면서 한없이 우울해진다. 유전병과 같은 불가항력적 불행 앞에서도 마찬가지다.

아침에 기분이 좋지 않거나 부정적인 생각이 자꾸 떠오른다면 감사할 일 딱 세 가지만 생각해 보자. 그것도 귀찮으면 눈을 꼭 감고 큰소리로 외쳐 보자. 기분이 전환되는 것을 느낄 수 있을 것이다. 또 다치거나 교통사고가 난 경우에도 재수가 없다던가, 왜 나한테 이러한 일이 생기느냐는 부정적인 감정을 갖지 않고 이만한 게 다행이라고 마음을 가져보자. 경험해본 사람도 있겠지만 훨씬 마음이 가볍고 감사한 마음이 생긴다. 불평하는 마음보다 훨씬 좋다. 그리고 이후에 좋은 일이 자꾸 확대 재생산되는 느낌을 받을 것이다. 외부의 상황보다는 내부의 마음이 훨씬 중요하다는 것을 알려준다.

나도 요즘은 불안해하거나 우려했던 일이 잘 해결되면 감사함을 실천하고 있다. 하지만 아직 습관이 되지 않아서 즉각적인 반응이 일어나지 않는 경우가 있다. 감사하는 마음을 간직하고 있기에 얼마 지나지 않아 감사함을 알아차리지 못했다는 것을 발견한다. 잠들기 전에도 하루를 마무리하면서 감사함을 표한다. 그리고 내일도 즐겁고 행복한 일이 있을 거라는 기대감을 안고 쉽게 잠에 빠져드는 경험을 하였다.

〈인생을 바꾸는 데는 단 하루도 걸리지 않는다〉라는 책에서 말한다. '감사합니다!'라는 말을 2만 5천 번 반복하면 눈물이 절로 흘러넘친다. 단순히 '감사합니다!'라고 수없이 외친 것만으로 누군가는 아토피가 나았고 누군가는 시력이 좋아졌다. 부처님께서 말씀하신 '일체유심조'의 뜻과도 통한다. "모든 것은 마음이 지어내는 것으로 내가 원하는 세상을 내가 주인으로서 창조해 나갈 수 있다." 이렇듯 모든 일은 마음을 통해서 이루어지는 것. 그래서 마음을 다룰 수만 있다면 마음의 평화와 함께 소망을 이룰 수 있는 길이 열리는 것이다.

< 호기심 >
호기심이 주는 힘을 느껴보라

   디지털시대를 맞이하여 이 분야에 있어 나도 많은 어려움을 느끼고 있다. 교육도 부족하였고 사용할 기회도 적어서 미숙하다. 그래도 시대 흐름을 피할 수는 없어 적응해야 한다는 압박감을 항상 지니고 있었다. 마침 자치단체가 운영하는 학습관에서 홍보 관련 인터넷 강의가 있다는 공고가 있어서 신청했다.

   직장을 퇴직하고 자영업을 염두에 두거나 현재 자영업을 운영 중인 사람들이 모였다. 그들은 비대면 시대에 인터넷 중요성을 알고 인터넷에 호기심을 가진 사람들이었다. 신청자 중에는 나이에 비하여 상당한 지식을 가진 사람도 있었다.

성 아우구스티누스가 전하는 알리 피우스에 관한 이야기가 호기심의 위력에 관한 좋은 사례다. 알리 피우스는 검투 경기를 열렬히 반대하는 사람이었다. 검투 경기가 열리던 어느 날, 그는 우연히 친구들을 만나게 되었는데 그들이 막무가내로 알리 피우스를 검투 경기장으로 데리고 갔다. 경기가 시작되자 알리 피우스는 단호히 눈을 감았다. 하지만 군중이 환호성을 지르자 호기심에 정복당한 알리 피우스는 실눈을 뜨고 경기를 엿보고 말았다.

호기심이 많다는 것은 장점일 수 있다. 주변으로부터 더 많은 것을 취할 수 있게 해주기 때문이다. 우리가 동전의 양면을 볼 수 있듯이 실패나 위기의 순간을 기회로 만들 수 있다. 또 우리에게 필요한 것은 노력이나 번뜩이는 영특함이 아니라 실패를 두려워하지 않고 나의 열정과 에너지를 쏟아 넣을 수 있는 용기이다.

우리는 성공할 수 있는 요소인 용기를 가지려면 호기심이 생겨야 한다. 호기심을 가지고 있어야 세상을 향해 나아갈 때 생기는 장애물을 헤쳐나갈 용기가 생기는 것이다. 성공의 요소인 호기심은 결국 내면에 지니고 있다.

어른이 되면 호기심보다 고정된 방식이 자리 잡는다

헨리 제임스는 애석해하며 이렇게 말한 적이 있다. "어른이 되면서 순수하게 지적인 열정은 사그라진다. 곧 각자에게 포화점이 오고, 그 점에 도달하고 나면 순수하고 본능적으로 관심을 가지던 시절에 알게 된 것들에만 의지해서 살아나가게 된다." 교육심리학자 수전 엔젤에 따르면, 이르게는 네 살 때부터 호기심이 줄어들기 시작한다. 어른이 되었을 무렵이면 질문을 덜 하게 되고 그저 해 오던 방식을 따르는 경향이 커진다. 제임스가 말했듯이, "사심 없는 호기심은 과거의 일이 되고 정신에는 고정된 방식들이 확고히 자리 잡는다."

호기심이 줄어드는 것이 꼭 나쁜 일만은 아니다. 접하게 되는 모든 자극에 대책 없이 휘둘리지 않고 세상을 잘 헤쳐나갈 수 있으려면, 호기심이 줄어드는 것이 필요하다. 컴퓨터 과학자들은 '새로운 것을 탐구하는 것'과 '이미 아는 것을 최대한 활용하는 것'의 차이에 관해 이야기하곤 한다.

어떤 시스템이 많은 가능성을 탐구한다면 더 많은 것을 배울 수 있을 테지만, 가능성이 많은 한두 가지에만 기반을 두어 움직이면 더 효율적일 수 있을 것이다.

아기에서 어린이로, 또 성인으로 커가면서 우리는 이미 획득한 지식을 최대한 활용하려는 경향을 더 많이 보인다. 문제는 성인이 되면 이런 성향이 과하게 치중하게 된다는 점이다. 어릴 때 쌓은 정신적 습관과 지식을 재점검하거나 추가적인 지식을 더하지 않고, 그냥 거기에 의존하며 만족해 버린다.

다른 말로 게을러진다는 것이다.

빈틈을 인식하거나 여백이 있으면 호기심이 생긴다

호기심을 느끼려면, 다른 말로 정보 간극(이미 아는 것과 알고 싶어 것과 차이)을 없애고 싶다는 느낌이 들려면 자신의 지식에 빈틈이 있음을 먼저 인식해야 한다. 그런데도 대다수 사람은 자신이 전부를 안다고 생각한다. 심리학 연구에서 많이 밝혀져 왔듯이, 삶의 많은 부분에서 우리는 '과잉 확신 편향'을 보인다.

즉, 사람들은 대체로 자신이 평균적인 운전자보다 운전을 잘하고 평균적인 부모보다 좋은 부모이며, 평균적인 애인보다 좋은 애인이라고 생각한다. 이런 습관은 자신이 가지고 있는 지식을 평가할 때도 드러난다. 우리는 자신이 가진 정보에 빈틈이 있음을 잘 깨닫지 못하고, 그 결과 마땅히 가져야 할 정도보다 호기심을 덜 갖게 된다.

정보 간극은 효과적인 미끼다. 결혼 전에 온라인 데이트 사이트를 들락거렸던 내담자가 그 시절을 생각했다. 프로필에 사진도 없고 정보도 피상적으로만 나와 있는 여성에게는 연락해 볼 마음이 나지 않았다. 또 다양한 옷을 입은 여러 장의 사진과 취미며 희망이며 하는 것들에 대하여 찬란하게 늘어놓은 여성은 관심을 두지 않았다.

그의 호기심을 자극한 프로필은 그림자로 살짝 가려진 얼굴 사진과 유머가 있으면서 생략이 많은 자기소개 등과 같이 알 듯 말 듯한 정보를 밝힌 프로필이었다. 금방 알아차릴 수 있는 것은 지루함을 느낄 수 있고, 궁금함을 나타내는 것에는 호기심을 갖게 하는 효과가 있다.

호기심은 수많은 궁금증을 쏟아내고 궁금증은 계속 질문을 양산한다. 책에도 묻고 사람에게도 묻고 하늘에 묻고 심지어 허공에도 묻는다. 나에게도 묻고 선생에게도 묻고 계속하여 묻는다. 물을 수 있는 자는 용기 있는 자다. 스스로 낮아지기를 자청한 이들이기에 가능하다. 창의는 어느 날 갑자기 느닷없이 떠오르는 것이 아니라 호기심에서 시작한 용기가 지속적인 관찰과 재미를 불러오면서 유레카를 외치며 탄생한다.

내게 낯설게 다가왔던 것에 호기심을 갖고 지속적인 관찰을 해나

가는 과정에는 분명 퇴보와 정체, 혼란, 갈등이 존재한다. 이러한 부정성이 없다는 것은 처음부터 낯선 것이 아니다. 낯섦은 익숙함으로, 익숙함은 재미로, 재미는 완벽한 다른 차원의 창의로 연결된다.

인터넷 접근성이 높아지는 것, 그 자체가 꼭 사회적으로 좋은 것은 아니다. 중요한 것은 인터넷에 접하느냐, 접하지 않느냐보다 인터넷이 어떻게 사용되느냐이다. 마이크로소프트의 선임 연구원 데이너 보이드가 말했듯이, 인터넷에 접근성이 커지면서 "우리가 무시하고 살아왔던 기존의 문제점이 드러나고 증폭된다." 그중에서도 가장 두드러진 것은 호기심을 갈고닦는 데에 모든 사람이 관심 있는 것은 아니라는 사실이다. 인터넷은 이전 어느 때보다도 많은 배움의 기회를 주지만, 사람들이 배우는 데에 애를 쓰지 않도록 만들기도 한다.

인터넷은 세상을 더 깊이 이해하고 싶은 사람들뿐만 아니라 노력을 하지 않는 사람들에게도 은혜로운 혜택이다. 웹을 지적인 노력을 피하는 방편으로 사용하려는 사람들은 호기심을 갖는 방법을 완전히 잊게 될 것이다. 하지만 웹을 더 지속적인 지적 탐구의 도약대로 사용하는 사람들은 학교에서도 더 많은 성과를 내고 직장에서도 더 많은 보상을 받게 될 것이다. 이전에 결정하고 수행하던 것들을 다시 곰곰이 살펴보고 현재 내리는 결정에 의심을 두며, 호기심을 발동시켜 미래의 계획을 다시 상상하는 등 겸손함이 절대적으로 필요하다.

미래는 호기심을 선택하는 자들의 세상이 될 것이다.

07

5가지 꿀팁 '뉴셋'으로 포스트코로나 시대 준비한다

지식과 경험을 제대로 돌아보자

2020년 하반기부터 시작하여 2021년 중반까지 주식 시장에 광풍이 불어왔다. '영끌'이라는 유행어도 탄생했다. 나는 이전부터 주식을 조금씩 해왔지만, 이 시기에 나도 덩달아 주식에 자금을 더 투입했다. 주식 투자를 하고 있으면 국내외 경제에 관하여 자연히 관심을 더 가지게 된다는 생각이 있었다. 지금까지의 투자성적표는 어떠할까? 과거에 매입했던 주식을 제외하고 수익률이 마이너스로 저조하다.

원인을 생각해 보았다. 과거의 경험에 너무 의존했던 것 같다. 경영학부를 나왔고 은행에서도 기업체 신용평가를 할 때 주로 재무적 수치에 높은 비중을 두고 기업 평가를 해 왔던 과거 경험이 영향을 미쳤다. 주식을 살 때 물론 다른 요인도 체크를 하지만 투자회사의 재무제표에 높은 점수를 주고 판단해 왔던 편이다. 그래서 최근에 출간한 주식 가이드 책 내용을 살펴보았다. 주식 투자를 잘하기 위한 기준을 적어놓았다.

첫째, 책을 많이 읽어야 한다. 책을 통하여 유명한 투자자의 투자 철학과 방법을 듣는다는 것이다. 둘째, 주가에 영향을 주는 언어 및 용어를 완벽히 숙지해야 한다. 셋째, 재무제표를 보는 법을 익혀야 한다. 넷째, 일정을 기록해야 한다. 향후 회사에 발생하는 일이 주가에 선반영하기 때문이라고 설명한다. 물론 이 저자의 경험과 생각을 이야기 한 것이기에 정답이라고 단정 지을 수는 없다. 하지만 저자의 기준으로 볼 때 나는 한 가지를 중심으로 판단했다는 오류가 있었다. 과거의 경험이 오히려 발목을 잡은 격이다.

경험은 쌓일수록 더 견고하게 자리 잡는다. 경험을 통해 학습한 것은 버리거나 수정하기가 매우 어렵다. 그래서 상황이 바뀌어도 경험에 발이 묶여 새로운 기회를 잡지 못해 실패할 확률이 높다.

경험이 오히려 함정이 되다

유튜브 채널을 운영하는 데스틴 샌들린은 실험으로 경험의 함정을
확인해보았다. 그는 먼저 자전거를 뜯어고쳐 손잡이를 왼쪽으로 돌
리면 바퀴가 오른쪽으로, 손잡이를 오른쪽으로 돌리면 바퀴가 왼쪽
으로 방향을 틀도록 만들었다. 그런 다음 평소 자전거를 능숙하게 타
는 사람들이 이 '거꾸로 자전거'를 타고 몇 미터라도 전진할 수 있는
지 실험해 보았다.

자전거를 타는 게 어려워 봐야 얼마나 어렵겠는가! 하지만 현실은
보기 딱할 지경이었다. 이미 평범한 자전거를 타는 데 익숙한 참가자
들은 이 새로운 상황에 전혀 적응하지 못했다. 하지만 샌들린은 오
랜 시간 연습하고 경험을 쌓고, 시행착오를 거듭한 끝에 드디어 이
괴상한 자전거를 타는 데 성공했다. 그런데 그는 이제 도리어 평범한
자전거를 타지 못하게 되었다. 일반 자전거 타기에 능숙할수록 거꾸
로 자전거를 익히기가 어려웠는데 그 반대의 경우도 마찬가지였다.

인본주의 심리학자 칼 로저스는 〈진정한 사람되기〉에서 다음과 같
이 설명한다. "우리를 둘러싼 세계를 배워나가면서 결정을 내릴 때
개인적인 경험이 가장 높은 권위를 지니고 타당성의 기준이 된다."
자신의 경험에서 배운 것만큼 강력해 보이는 것도 드물다. 그렇다고

완벽하다고 믿고 경험에 권위를 부여해서는 안 된다는 것이다. 오히려 로저스는 경험에서 배운 것을 점검하고 수정할 수 있는 것에 더욱 높은 가치를 두어야 한다고 주장한다.

경험도 새로운 경험으로 교체해야 할 대상

경험에서 배운 것을 너무 철두철미하게 받아들였다가는 창의성을 발휘할 기회를 놓칠 수 있다. 시야가 좁아지고 사물과 아이디어의 익숙한 용도만 생각하고, 새로운 탐색을 어렵게 만들어 능숙함의 함정에 스스로 빠지기 때문이다.

독창성은 우리의 한정된 개인적 경험에 달려 있지만, 창의성은 그렇지 않다. 다른 사람의 통찰력과 경험을 정당하고 효과적으로 빌릴 수 있으려면 현재에 집착하지 않아야 한다. 골몰하는 문제에서 주의를 돌려 저 멀리 생소한 곳으로부터 연결고리와 숨은 기회를 찾아야 한다. 하지만 이 경우에도 경험 때문에 우리의 시야가 좁아지면서 경직돼 이런 창의적 탐색 과정에 방해가 될 수 있다.

토인비는 창조적 소수에 의해 역사가 바뀌지만, 일단 역사를 바꾸는 데 성공한 사람은 과거에 일을 성사시킨 자신의 능력이나 방법을 지나치게 믿어서 우상화의 오류를 범하기 쉽다고 보았다. 그들은 자신의 과거 경험이나 능력만을 절대 진리로 믿고 주변 사람들의 생각이 어떻든, 세상이 어떻게 바뀌든 상관하지 않고 자신이 과거에 했던 방식대로 일을 밀어붙이다가 결국은 실패한다.

경험이 때로는 아주 형편없는 스승이 될 수도 있다는 사실을 인정하지 않는다면 경험에서 배운 것에 반하는 증거가 아무리 많아도 경험의 덫에 갇힐 수 있다. 뇌는 무엇을 자주 느끼고 중요하게 생각하느냐에 따라 변한다. 새로운 자극을 주면 뇌 속의 신경화학 물질이 변하고 신경회로가 변하면서 새로운 신경망이 만들어진다. 긍정적인 생각을 하면 뇌의 신경회로가 바뀐다. 이를 반복하면 긍정적인 생각이 새로운 신경망으로 유지되는 것이다.

같은 생각, 같은 행동을 반복하면서 다른 결과를 기대한다는 것은 모순이다. 변화의 시대에 적정한 방법과 사고를 해야만 살아남을 수 있다. 현실에서 살아나는 것. 이는 매일 매 순간 배우는 자세로 임했을 때 가능하다. 성공은 배우려는 자세에서 시작된다. 배움은 '모름'을 전제하기에 '기존의 앎'에서 '새로운 앎'으로 나를 이끈다. 그래서 늘 모름을 앎으로 바꾸려 노력하는 사람만이 자신을 새롭게 변화시켜 시대에 발맞추어 나아갈 수 있다.

과거의 경험에 집착하지 않고 새로운 경험을 꾸준히 함으로써 경험도 교체해 나가야 한다.

공동체 의식은
유대 5천년의 근본이다

공동체 의식은 한 사회에 함께하고 있다는 생각과 감정이며 공동의 문제 해결에 함께 참여하려는 의식이다. 다른 사람의 입장을 헤아려서 배려하는 정신을 바탕으로 자신과 타인이 다를 수 있다는 것을 인정하는 정신이기도 하다.

나의 아파트 생활에서 층간 소음과 재활용 쓰레기장에 관한 내 경험이다. 지금 거주하고 있는 아파트에 이사 온 지 얼마 되지 않은 어느 휴일, 배우자가 절구통에 무언가를 찧고 있었다. 따르릉! 아파트 내선전화벨이 울렸다. 죄송하다는 말로 해결되었다. 나름대로 조심스럽게 작업을 한다고 했는데 아래층에서는 신경이 쓰였던 모양이었다. 지금껏 단독주택에 살았기에 층간 소음에 대하여는 신경을 쓰지 않았고 아이들도 마음껏 뛰어놀았다. 사건이 발생한 이후로는 층간 소음에 대하여 나름 신경을 쓰고 있는데, 이번에는 우리 집에서 발걸음 걷는 소리가 크게 들려왔다고 전화가 왔다. 확인해 보니 30대 전후의 내 자녀들이 범인이다. 어릴 때부터 단독주택에서 마음껏 활동하던 습관이 영향을 준 것 같다. 가끔 아들들에게 걸음 소리가 울리지 않도록 유의하라고 이야기를 하면 옆에서 배우자가 한마디 한다. "일상생활을 하면서 그 정도도 소리가 안 나게 숨죽여서 어찌 살라고 그래요." 내가 너무 남을 의식하는 것인가 하는 생각도 들었고 다들 생각이 다를 수 있다고 넘어갔다.

그러던 어느 날 이번에는 생소한 소음이 내 귀가에 다가왔다. 그동안 소음이 들리지 않던 위층에서 소음이 들리기 시작했다. 아침부터 낮까지는 어린아이가 뛰는 소리가 들렸다. 아마도 손자, 손녀를 돌보아 주는 것으로 추측이 된다. 저녁에는 늦게까지 성인들의 발자국과 두드리는 소리가 자주 들려온다. 아마도 바닥공사가 잘 되어 있어 아래층에서 느낄 정도의 소음이 아닌 것으로 오해하고 있는 듯하다.

내가 한 번씩 소음 불만을 이야기하면 배우자는 전혀 느끼지 못한다고 한다. 내가 과민하거나 배우자가 둔감할 수도 있겠다. 층간 소음은 발생할 때마다 내가 신경을 다른 곳으로 전환하려고 노력하니 그런대로 견디며 지내고 있다.

이번에는 다른 동과 우리 동의 재활용 쓰레기장 관련이다. 우리 동은 41세대로 구성되어 우리 아파트에서 가장 적은 세대수로 되어 있다. 다른 동은 우리 동과 비교할 때 10~30세대가 많다. 그래서 우리 동은 배출되는 쓰레기양이 상대적으로 적어 재활용쓰레기장 정리 정돈이 양호하다. 그런데 유난히 한 동은 우리 아파트 중심에 위치하며 유별나게 쓰레기장이 혼란스럽다고 느껴왔다.

최근에는 신경이 쓰이던 동의 쓰레기장에서 화재가 발생하여 119가 출동하는 사건이 발생했다. 그 동에 대한 이미지가 더욱 나빠졌다. 평소의 이미지가 한 번씩 떠 오를 때면 내 의지와 관계없이 거실에서 그 동의 쓰레기장을 바라보는 경우가 가끔 발생한다. 그럴 때마다 만약 우리 동의 세대수가 많다면 환경에 민감한 입주민으로부터 비난을 받을 수 있겠다고 생각하며 시선을 다른 데로 돌린다. 이러한 행동을 할 때면 나는 알 수 없는 웃음을 짓는다.

다양하고 특이한 공동체 형태

예부터 전 세계를 유랑하며 살아온 유대인은 동포를 돕는 공동체 의식이 강하다. 특히 성공한 유대인은 가난한 동포가 자리를 잡을 수 있게 기금을 조성해 왔다. '필요한 사람에게 돈을 빌려주어야 한다.'

와 '동족에게는 이자를 받지 않는다.'라는 그들의 믿음은 유대 율법을 따르는 것이다. 18세기부터 유럽의 유대인 공동체에는 '무이자 대부 협회'가 있었고, 그들은 실패한 창업자에게 세 번까지 무이자 대부를 허락했다. 그들은 확률적으로 장사는 보통 두 번 정도 망하고 세 번째에서 성공할 확률이 가장 높다고 보았다.

우리나라에 있는 특이한 공동체를 소개하고자 한다. 사회적 기업 '우리동네'이다. 중증 정신질환을 지닌 분들이 사회에서 함께 더불어 살아갈 수 있는 세상을 만들고 싶어, 정신건강의학과 의사 선생님께서 시작했다고 한다. 당사자들이 첫째는 살아갈 공간이 필요하고 둘째는 일할 공간인 직업이 필요하다고 이야기했다. 정신장애인을 고용하는 곳은 찾기 힘들다. 어렵게 취직하더라도 직업을 유지하는 또 다른 어려움이 있지만, 우선은 일을 시작할 수가 없었다. 중증 정신질환자가 지역사회에서 어우러져 살기를 바라는 마음이 담긴 이름을 연상하여 '우리 동네'라고 명칭을 지었다고 한다.

주변의 많은 이들이 실패할 것이라고 예상했다. 의사 선생님은 좋은 실패를 하고 싶었다고 했다. 처음에는 운동화, 빨래방과 세탁 공장을 개업했다. 결국은 문을 닫았다. 두 번째로 시작한 것이 커피집이었다. '우리 동네 커피집'은 최초로 성공한 사업이자 가장 성공적인 사업으로 확장되고 있다고 한다. '우리 동네'는 마음이 아픈 사람이 같이 고민을 나누고 더불어 살아가는 공동체이다. 아플 때 숨기지 않고 누구나 아프다고 말할 수 있는 곳이어야 하며 사회 전체가 '우리 동네'가 되기를 바라는 목표를 가지고 있다고 한다. 제발 꼭 성취되었으면 좋겠다. 진심으로 성공을 기원하며 박수를 보낸다.

공동체 의식의 모범적이며 대표적인 사례는 유대인들에게서 흔히 찾을 수 있다. 유대인들이 부자가 많아서 그런지 자금과 관련된 것이 많다. '비드온 슈바임'이란 포로를 구원하는 자금이다. 유대인들은 유대인 노예나 포로를 해방시켜 주어야 한다는 책임을 함께 짊어지고 이런 일이 발생할 때마다 합심해서 문제를 해결하곤 했다. 이때 몸값은 유대인들이 십시일반 모은 헌금에서 충당했는데 그 돈을 '비드온 슈바임 자금'이라고 한다.

공동체 안에서 성장 요인을 찾아라

공동체 안에서는 무슨 일이든 일어날 수 있다. 갈등도 생기지만 이를 다루는 과정에서 공동체는 물론 공동체를 구성하는 각 개인이 성장하기도 한다. 마음이 아픈 사람들은 공동체 안에서 안정감을 느낀다. 사람과 교류하면서 성장하고 서로를 치유할 뿐만 아니라, 스스로 회복해 나간다.

어떤 사회가 건강한가 그렇지 않은가를 알려면 그 사회의 부자들이 부를 어떻게 사용하는지를 살펴보면 된다. 부자들이 가난한 자들에게 자신의 부를 기꺼이 기부하려고 애쓴다면 그 사회는 대단히 건강하다.

내가 만난 기적은 나만의 것이 아니라 세상과 함께 나누기 위해 존재한다. 나는 그저 운이 좀 더 좋았고 조금 더 열정적이었다는 이유로 남들보다 빨리 그 기적과 만난 것뿐이다. 기적이 나에게서 끝나버리면 긍정적인 에너지는 생명력을 잃어버리고 성장을 하지 못한다. 그러니 이제 내가 받은 것을 세상과 나누어야만 한다.

각자도생해서 서로가 가진 것을 빼앗는 제로섬 게임으로는 세상을 바꾸기 힘들다. 혼자서는 힘들기에 타인과 협력해야 한다. 이를 위해 각자 자신의 고유한 사명을 인식하고 그것을 달성하고자 자신을 갈고닦아 강점을 강화한다. 약점은 과감히 포기한다. 자신의 달란트를 더욱 강하게 단련시켜 최고로 잘하는 부분을 만들고, 그것을 합쳐서 서로의 약점을 채워주는 것이 공동체 전체로 볼 때 더 효율적이기 때문이다.

나이의 한계도 넘는
강한 전파력을 보라

현재 대학교에서도 평생교육원을 운영하는 곳이 상당하다. 100세 시대, 지구가 하나가 되어 급격하게 돌아가는 사회에 살고 있다. 평생직장과 평생직업이 사라지고 있고 시대 변화에 따라 또는 자신의 재능을 늦게 발견하여 새로운 진로를 개척하는 중장년들이 많다. 대학도 이 같은 시대적 욕구에 맞추어 학령기 중심에서 개방된 평생 교육 체제로 그 외연을 확대하고 있다.

이 같은 현상은 질적인 면에서 차이가 있으나 비슷한 취지로 지방 자치단체에서 활발히 진행되고 있다. 내가 거주하는 구청에서도 평생학습관을 운영하고 있다. 그리고 수도권에 이어 신중년이라는 학습관을 추가로 운영 중인데 신중년은 중년과 노년을 포함하는 개념이다. 45세 이상을 대상으로 한다. 강의료는 무료 또는 재료비 정도 부담한다. 인터넷으로 수강 신청을 받는다. 참여 인원이 제한되어 있고 선착순으로 선정하는 시스템이라 서둘러야만 한다. 나는 2과목을 신청할 계획이라 신청 개시 시각인 오전 9시 이전부터 긴장하여 노트북을 켜서 준비하였다.

 9시를 확인하고 첫 번째 강좌를 신청하는 도중에 진행이 되지 않았다. 노트북에 문제가 발생했나 싶어 급히 내 휴대폰을 사용하여 진행하였으나 마찬가지였다. 급한 마음에 아들의 컴퓨터까지 동원하여 신청을 시도했으나 소용이 없었다. 구청의 홈페이지가 다운되었다. 홈페이지는 40분 이상 정상적으로 운영되지 않았다. 중간에 잠시 가동이 될 때가 있었는데 틈을 이용하여 겨우 한 강좌는 신청이 완료되었다. 두 번째 신청 예정인 과목의 정원은 12명인데 벌써 11명이 신청되었다는 메시지를 확인하고 더욱 마음은 급했다. 가까스로 입력하려는 순간 대기 명단이라는 메시지가 나왔다.

 약 한 시간 동안 전쟁을 치르고 1과목은 확정되고 1과목은 대기 명단에 올려졌다. 대기자는 정원 가운데 포기자가 나와야 가능한데 대기 순번이 16번으로 가능성이 희박하다. 나는 구청에 전화하여 선정 과정이 공정하지 못하다고 항의하며 재발 방지를 요청했다. 이후에 전해 들은 바로는 구청으로 항의 전화가 많이 와서 곤욕을 치렀다고 했다. 변화의 시대에 함께하려는 중년 이상의 인구가 상당하다는 사실에 나도 놀랐다. 지난해 12월부터 단기간 1개월짜리 강의를 3과목 수강했다. 이번 강의는 기간이 4개월로 긴 편이다. 이밖에 20시간 배달 강의를 내가 대표가 되어 신청하였는데 선정되었다는 통보를 받았다. 배달 강의는 5명 이상의 동호인들이 구청에 등록된 강사 파견을 신청하고 타당성이 확인되면 승인을 받는 제도이다.

내가 구청 평생학습관을 수강하면서 느낀 것은 남녀 구분 없이 연령대에 구애받지 않고 날이 갈수록 관심 인구가 늘어나고 있다는 것이다. 특히 디지털시대에 적응하려는 노령층이 많다는 고무적인 현상을 확인했다.

내게도 보이지 않는 영향력이 미치고 있다

올바른 행동이 무엇인지 확신할 수 없을 때, 우리는 알지 못하는 상태에서 다른 사람들을 보고 도움을 받는다. 자동차를 몰고 가다가 주차 공간을 찾는 상황을 생각해 보자. 주차할 공간을 찾지 못해 헤맬 것처럼 돌아다니다가 드디어 한쪽 가장자리가 모두 비워진 장소를 발견했다. "찾았다!" 하고 기뻐하며 당신은 바로 그 장소에 차를 주차했는지 기억을 더듬어 보자.

십 중에 팔구는 고민한다. '아무도 이곳에 주차하지 않았다면 무슨 이유가 있을 것이다. 그러니 나도 주차해서는 안 될 것이다. 불법 주차 구역이거나 무슨 행사가 예정되어 있는지도 모를 일이다.'라는 생각에 차에 내려 주변에 CCTV가 있는지, 주차안내문이 있는지 살펴볼 것이다. 하지만 그 주변에 다른 자동차가 몇 대가 주차되어 있다면 이러한 걱정을 하지 않고 주차를 할 것이다. 나도 많은 경험을 해보았다. 눈에 보이지 않는 영향력이다.

타인은 우리의 행동에 엄청난 무의식적 영향력을 행사한다. 사회적 영향력은 사람들이 구매하는 상품, 학교 성적 그리고 직업에까지 영향을 미친다. 우리가 내리는 모든 결정의 상당한 부분이 타인에 의해 이뤄진다. 타인의 영향을 받지 않는 결정이나 행동은 찾기 힘들다.

시작도, 성장 준비도 교육뿐이다

우리가 새로운 시대를 맞아 준비해야 하는 것은 무엇일까? 우선 우리에게 가장 먼저 필요한 것은 '왜'라는 호기심이다. 언제나 '왜'라는 질문을 품고 답을 찾아가는 과정이야말로 가장 인간다운 능력이며 이는 인공지능이 대체할 수 없는 능력이다. 다시 말하면 인류는 지식의 소비자일 뿐 아니라 생산자가 되어야 한다.

그런데 호기심은 어떻게 시작되는 것일까? 지금까지 본인이 경험한 것과 다른 세계를 알아가는 과정에서 관심이 생기고 호기심이 발생할 확률이 높다. 그렇다. 교육을 통하여 지금까지와는 다른 세계를 알아갈 수 있고 그 과정에서 성장하게 될 것이다.

유대인 역사학자 유발 하라리도 평생 교육의 중요성을 강조했다. 그는 현재 학교에서 배우는 것의 80% 이상은 없어질 가능성이 크다고 보고 90세까지 학습해야 한다고 말했다. 그는 〈초예측〉이라는 책에서 인간은 30세만 넘어도 새로운 것을 배우거나 변화에 적응하기 힘들지만, 이제 변화에 적응하지 않으면 도태되는 시대가 되었다고 냉정하게 말하기도 했다.

종교에서도 배움이 나로부터 시작하여 세상을 변화하게 하는 데 중요한 역할을 하고 있다는 사실을 알 수 있다. 불교에서 말하는 '자리이타'가 있다 '자리'는 스스로 깨달음을 얻는 것을 말한다. 그리고 '이타'는 그 깨달음으로 남을 이롭게 하는 것이다.

즉 자리이타는 '깨달음으로 나도 이롭게 하고 상대방도 이롭게 하자'는 상생의 정신이다. 여기서 중요한 것은 '자리'다. 우선 내가 깨달음을 얻어야 남을 이끌 수 있기 때문이다. 깨달음은 배움을 통할 때 자기 자신을 성장시키고 돌아보는 과정에서 당겨질 수 있다는 것이다. 성공의 문화는 다음 세대로, 또 그다음 세대로 전수된다. 내 후손에게 성공의 문화가 전수된다는 것이 얼마나 거룩한 이룸인가. 이를 위해 나부터 성공해야 한다.

세계가 디지털로 연결된 지금은 이룰 수 없는 꿈도 타인과 함께 꿈꿀 수 있게 되었다. '#Me Too'라는 해시태그를 달아 소셜 미디어에 공유하면서 그 영향력이 가히 폭발적이었다는 사실을 우리는 지켜보았다.

일본에서 '경영의 신'으로 추앙받는 마쓰시다 고노스케는 "나를 키운 것은 가난과 병약함과 배우지 못한 것"이란 말을 했다. 가난했기에 근검절약하는 습관을 키웠고, 병약했기에 몸을 단련했으며 배우지 못했기에 누구에게서나 가르침을 받으려 했다는 것이다. 다른 사람들처럼 가난과 병약함과 배우지 못한 것 때문에 주저하지 않았다. 자신의 현재 모습에서 그것과는 다른 미래의 모습을 찾아내고 그것을 손에 잡고 품에 안은 사람이다.

배우기 위해서는 우선 낮은 자세로 마음을 뉴셋해야 한다. 나이가 많아서, 배운 게 없어서, 같이 갈 친구가 없어서, 이 모든 것은 핑계에 불과하다. 지금까지의 마음을 완전히 새롭게 바꿔야만 행동으로 옮기는데 어렵지 않다.

나만 바뀌면 얼마든지 결과를 낼 수 있는 환경은 조성되어있다.

왜 마인드 '뉴셋'이어야 하나?

"제 꿈은 회사를 5년 정도 다니면서 많이 배우고 성장한 후에 제 회사를 만드는 것입니다." 직장 내 밀레니얼 세대들의 말이다. 유능한 인재들이 회사 안에서의 승진 경쟁을 일찌감치 포기하고 차근차근 준비하여 자신의 비즈니스를 하겠다고 당당하게 말한다. 일본을 제외한 대부분의 OECD 국가에서는 '긱 경제'라 불리는 공유경제 그리고 유튜브, 아마존 등의 플랫폼 기업들의 성장세로 청년층의 자발적인 비정규적이 급격히 증가하고 있다. 우리나라뿐만 아니라 이들 나라의 50%가 넘는 청년들이 자의 반 타의 반으로 비정규직을 선택하고 있다. 답답한 직장생활을 벗어나 자유로운 수입원을 창출하고자 하는 노하우들이다.

밀레니얼 직장인이 꼽은 좋은 직장 조건 1위가 '워라밸 보장'(49%)이다. 맨 마지막 순위에 있는 정년 보장(12%)과는 4배 넘게 차이가 난다. '난 오후 6시 이후에는 일 안 할 거야', '난 승진 같은 건 상관없어'라는 의미가 아니다. 회사에서 늘 만나는 사람들과 저녁을 먹거나 회식을 하며 시간을 보내기보다는 하고 싶은 공부나 운동, 취미활동과 자기 계발에 시간을 쏟고 싶은 것이다.

자신들의 무기인 디지털 활용 능력을 앞세워서 스타트업을 만들거나 개인사업자가 되어 정체된 시장을 빠르게 혁신하고 있는 것이 사실이다. 기업에 들어가서 일을 하더라도 회사의 존폐와 동료와의 경쟁에 인생 전부를 걸기에는 아는 게 너무 많다.

탈무드에서는 사람들이 일상에서 필요 없는 것을 버리는 방법으로 양털 깎는 것에 비유한다. 신선한 풀을 뜯기 위해 강을 건너려던 양 두 마리가 실수로 강물에 빠졌다. 한 마리는 최근에 털을 깎아서 헤엄을 치는 데 문제가 전혀 없었지만, 다른 한 마리는 오래도록 깎지 않은 털이 모두 물에 젖는 바람에 그 무게를 견디지 못하고 물속으로 가라앉고 말았다. 필요 없는 털은 빨리 정리하는 것이 좋다. 별것 아닌 것을 계속 갖고 있으면 위기가 닥쳤을 때 즉시 탈출하지 못해 죽을 수도 있다.

양적 생산 보다는 가치 생산

20세기 영국의 경제학자 존 메이너스 케인스는 1930년에 발표한 논문에서 100년 후에는 주 15시간만 일하면 충분히 살아갈 수 있는 사회가 도래할 것이라고 예언했다. 오늘날 한국에서는 주 52시간 근로를 기본으로 하고 있다. 케인스는 생산성이 향상되고 물적 자본이 축적되면 노동 수요는 점차 감소할 거라고 생각을 했지만, 그의 예언은 비판을 받고 있다.

케인스의 말을 받아들인다면 기업들은 실질적인 가치나 의미를 생산하지 못하는 '쓸모없는 일'을 하고 있거나 비효율적인 생산 방식을 고집하고 있다고 추측할 수 있다. 오로지 생산성을 목표로 양적 성과만을 추구하면 노동자의 의욕을 떨어뜨리고 근로자 자신도 무의미의 늪에 빠지게 된다. 일의 목적과 의미를 형성하여 노동자들에게 일의 동기를 부여하는 가치 중심으로 바뀌기를 시대는 요구하고 있다.

사람을 하수, 중수, 고수로 구분하고 그들의 사고와 행동 패턴을 알아보고 평가해 본다. 하수는 기본에 해당하는 당연한 것의 가치를 모르는 경우가 많다. "이건 누구나 아는 뻔한 거잖아!" 투덜대면서 근본과 기초가 되는 일에 시간을 들이지 않는다. 조급한 마음 때문에 기본기를 닦는 수련의 과정을 훌쩍 건너뛰기 바쁘다. 당연히 자기 안을 들여다볼 여유가 없고 주변의 형세를 살피지도 못한다. 적국을 보자마자 괴성과 함께 무조건 칼을 뽑아 들어 허공에 휘젓는 장수처럼 경거망동하기 일쑤다. "바둑 하수는 상대방을 바둑판 끝까지 몰아넣는 것밖에 할 줄 아는 게 없다."라는 말도 이런 맥락에서 나온 것이리라.

중수는 뻔한 것이 중요하다는 이치를 가까스로 이해한 사람이다. 동시에 그것을 극복하기 위해 부단히 애쓰는 사람이다. 자기 객관화를 통해 자신의 수준과 자신을 둘러싼 세계를 균형 잡힌 시선으로 바라본다. 중수는 항상 선택의 갈림길에 선다. 현재에 만족하며 적당히 머물러 있을지, 한 차원 높은 수준으로 도약하기 위해 땀과 눈물을 흘리며 살지 고민한다.

대부분 사람이 여기에 해당하지 않나 싶다. 반면 고수는 다르다. 고수는 뻔한 걸 자기 것으로 만든 후, 그걸 날개 삼아 자신만 아는 아득한 세계에서 훨훨 날아다니며 자유를 누리는 사람이다. 고수는 기예를 갈고닦는 차원에서 벗어나 어떤 현상과 실재 너머에 있는 본질을 발견해 낸 사람이다. 남이 일으킨 물결이 아니라, 스스로 일으킨 물결에 올라타야 멀리 갈 수 있다는 이치를 깨달은 자다.

고수는 다른 고수는 물론이고 중수 또는 하수와 경쟁하지 않는다.

스스로 꿈을 이루고 남이 볼 수 없는 세계를 이미 경험했기에.

마음속 모든 것을 바꾼다는 자세

지금은 고인이 되신 삼성그룹 이건희 회장의 레전드 연설이다. 삼성이 변하지 않으면 영원히 국가적으로 이류, 기업으로도 이류, 잘해봐야 1.5류까지 갈 수 있을지 모르겠다고 이야기했다. 지금 변하지 않으면 절대 일류가 될 수 없다고, 일류와 1등은 다르다고 한다. 일류는 세상에 없는 것을 만들어서 먼저 선점해서 치고 나가는 것이고, 남의 물건을 베끼거나 모방해서 시장에서 1위 하면 1등이라는 것이다. 일류를 하기 위해서는 변해야 하고, 공부해야 하고, 바뀌어야 한다고 했다. 바뀌려면 철저하게 바꿔라. 극단적으로 얘기해서 마누라와 자식 말고는 다 바꾸어라, 실수를 많이 해라. 실수를 많이 하면 할수록 재산이 된다. 재산이 되면 강인한 힘이 된다. 지금 이 시대에도 적용될 수 있는 고귀한 조언 같다.

책을 읽는 것은 새로운 세상을 만나는 것과 같다. 이전에는 전혀 관심을 기울이지 않았던 길가의 비둘기, 정답게 손을 잡고 걸어가고 있는 노부부의 뒷모습, 열심히 살아가는 시장 상인들의 모습, 강추위에도 아랑곳하지 않고 생명을 이어가고 있는 이름 모를 잡초 등 새로운 세상과 만나게 되며 인생이 풍요로워진다.

책 속에는 지혜가 실려 있다. 마음을 뉴셋하는 데 책이 가장 좋은 친구라고 말하고 싶다. 백 마디 말보다는 실천을 통해 느끼기를 간절히 바란다.

100세 시대, 스스로 고용하라

프리랜서는 특정 기업, 단체, 조직 등에 전속되지 않고 자신의 기술과 능력을 이용해 사회적으로 독립된 개인사업자를 말한다. 개인사업자는 종합소득세 납부 대상자인데 프리랜서라는 호칭을 사용하는 경우, 일반적으로 종합소득세 세액계산 흐름도를 작성할 정도가 되지 않는다. 이는 지금까지 소득 규모가 크지 않아 일반인들의 관심을 받지 못하고 스스로 나타내기를 꺼리는 직업군이었다.

코로나19로 인하여 고용시장이 불안하여 언제 다니던 직장을 나와야 할지 예상할 수 없는 시대가 되었다. 그 변화에 동반하여 프리랜서 가치가 상승세를 타고 있다.

은행에서 정년퇴직 후 내 근로계약 형태가 완전히 달라졌다. 퇴직 후, 은행에 계약직으로 채용되어 1년씩 2년간 근무하였다. 정규직에서 계약직으로 변경된 것이었다. 마지막 계약 만료가 될 시기에 인사과에서 연락이 와서 다른 직을 제안했다. 나는 개인적인 계획이 있다고 답했다. 단기적인 문제 해결보다는 장기적인 해결책을 생각하고 있었다. 이후에 나는 일반 기업체와 6개월에서 1년간의 단기계약이나 고용계약이 아닌 사업자등록이 없는 사업자 형태의 당사자로 계약했다.

2021년 국세청에서 연락이 왔다. 종합소득세 신고대상이라고 했다. 인터넷으로 신고하며 처리 과정에 어려움은 없었다. 그런데 근로소득에서 종합소득으로 신고한다는 자체가 생소함을 느끼게 했다. 퇴직 전부터 시작하여 지속적 배움을 게을리하지 않고 경험을 쌓아가니 자산이 축적된 것 같다. 지금은 개인 저서를 쓰고 있고 이를 기본으로 하여 중년을 대상으로 강단에 서서 나의 사명인 교육의 길을 가고 싶다. 한 곳에 고정되어 있지 않고 여러 곳을 왔다 갔다 하면서 시대에 맞추어 활동을 전개하고자 한다.

한곳에 머물지 않고 협력하는 시대

긱(GIG)은 '무대 공연'을 나타내는 말로, 음악인이나 연극인, 코미디언들이 단기간 공연하는 것을 의미한다. 긱 경제는 산업계에서 단기계약 형태의 일자리 또는 비즈니스 모델이 늘어나는 경제 형태를 말한다. 개인 측면에서 볼 때 어딘가에 고용되지 않고 필요할 때만 일하는 유연한 임시직 경제방식이다. 인터넷과 SNS의 대중화로 긱 경제가 성공적인 비즈니스 모델로 등장하고 있다. 우버의 운전기사나 숙소제공자 온 디맨드(ON DEMAND, 주문형) 서비스에 참여하는 프리랜서 및 1인 기업이 모두 긱 경제의 주체이다.

긱(GIG)을 염두에 두는 긱 마인드의 혜택은 광범위하다. 긱 마인드로 전환해 프리랜서 전문가와 긱 워커들로 구성된 폭넓은 네트워크를 구축하면서 일의 기쁨을 되찾게 된다. 창업가들은 떠드는 대신 행동으로 보여주기를 좋아한다. 그런 사람들과 일하다 보면 당신도 활력과 잃어버렸던 에너지와 열정을 재발견할 수 있다.

이것은 세대 이슈이기도 하다. 노동시장에 진입하는 밀레니얼 세대는 민주적이고 연결된 세상에서 성장했다. 그들은 부모나 조부모 세대가 일했던 것과 같은 명령과 통제의 환경에서 일하기를 원치 않는다. 그들은 결과와 업무 완수에 초점을 맞춘다. 회의 참석에는 관심이 없다. 제한되고 반복적인 틀 안에서 일하는 데에는 흥미가 없다. 그들은 협력을 통해 중요한 문제를 풀어가는 팀에서 일하고 싶어 한다. 힘이 되어 주는 사람들이 그들에게 필요하다.

마음가짐과 목표를 당신이 신뢰하는 주변 사람들과 공유할 필요가 있다. 자기 자신에게 의구심이 들거나 지치고 힘들 때 그들이 당신에게 힘이 되어 줄 것이다. 일방적인 지시나 고정된 일을 처리하기보다는 협력하고 공유하며 활동적이고 창의적인 일을 신세대는 추구한다. 이런 일들이 그들의 마음에 의욕이 솟아나게 하고 성공 궤도를 계속 달릴 수 있게 한다.

대중의 힘을 빌려야 할 시대

오늘날 코로나의 확산으로 많은 기업체에서 원격근무를 필연적으로 받아들이고 있다. 상사의 책상으로부터 몇 걸음 거리에 앉아서 보내는 시간보다는 결과물을 바탕으로 직원들의 업무 성과를 평가하겠다는 것이다. 사람을 보고 판단하지 않는다. 어떤 사람이 얼마나 실력이 있는가, 그간의 경력이 어떠했는가도 물론 중요하다.

하지만 정말 중요한 것은 산출물이다. 사람은 누구나 기복이 있으니까. 개인에 대한 지휘와 통제를 내려놓되 품질, 기량, 결과물에 집중하자. 그러면 보다 효율적으로 시간을 활용하고 생산성도 높일 수 있어 다른 마음가짐으로 움직이게 될 것이다.

 지금은 회사조직 내부 인력만으로는 성장할 수 없다. 주어진 분야에서 일하는 사람들은 특정 아이디어에 대해 눈뜬 장님일 수 있고, 다른 분야에서 진행되고 있는 놀라운 혁신을 보지 못하는 경우가 많다. 자신의 문제를 해결하는 데에 필요한 핵심을 외부 인력을 활용하는데 망설이면 뒤처진다. 개방된 사고로 외부 전문가나 대중의 힘을 이용해 자신이 간과했거나 미처 보지 못한 아이디어를 찾거나 다른 분야에서 역량, 기술을 발견할 수 있다. 이 중요한 요소들을 찾아서 회사 내부로 유입시켜 개발과 발전을 일으킴으로써 경쟁력을 제고시키고 높은 성과를 낼 수 있다.

 성과주의의 한계에 대한 해법을 애자일 조직에서 찾는다. 애자일(AGILE)은 번역하면 '기민한', '민첩한'이라는 의미다. 모든 것이 불확실한 환경에서 기업의 핵심 경쟁력은 '얼마나 빨리 변화에 대응하느냐'로 귀결된다. 그래서 먼저 대응하기 위해서 지금은 내, 외부를 따질 게 아니다. 우리는 모두가 미숙한 인간이므로 서로의 성장에 도움이 되는 파트너 관계로 나아가야 한다는 것이다. 내부적으로 매니저로서 나는 그들의 성장을 돕는 마중물 역할을 하지만 나 또한 그들의 도움으로 성장해간다는 사실을 잊지 않아야 한다. 폐쇄된 사고와 외부상황을 제대로 파악하지 못하고 있는 허점을 외부도움으로 신속하게 대응해 나아가야만 생존할 수 있다.

퇴직 후에 재고용되는 것은 현실적으로 어렵다. 그리고 지금은 꼭 회사에 고용되어야 할 필요성이 낮다. 나의 독특한 경험과 노하우를 가지고 다양한 디지털 플랫폼을 활용하여 얼마든지 회사에서 요청할 때 파트너로서 협력할 수 있는 세상이 되었다. 어느 정도 경쟁력을 확보하기 위해서는 깊은 협곡도, 가파른 바위도 버티며 오르는 저력이 있어야 한다. 그런 저력을 쌓아가야 100세를 살아가는 동안 흔들림 없이 무한한 가능성을 시험하며 즐겁게 탐험할 수 있는 것이다.

평생직장이 없어진 사회, 언제든 프로젝트별로 모이고 흩어지는 긱 이코노미시대에는 내 능력이 하나의 제품이고 서비스일 수밖에 없다. 모든 개인이 스스로 창업하고 알리고 또 판매해야 하는 시대.

내가 시장에서 어떤 가치로 거래될 것인지 파악하고, 어떻게 해야 그 가치를 높일 수 있을지 전략을 세워야 한다.

당신이 살아온 흔적을 책으로 남겨드립니다

- 자존출판사